세계의 끝 씨앗 창고

상상조차 할 수 없는, 재앙과도 같은 기아로부터 우리를 지켜주는 방패. 매우 현실적인 의미에서, 인류의 미래는 바로 이 자원에 달려 있다.

밀과 쌀, 옥수수가 사라지면 과연 누가 살아남을 수 있을까? 몇 년 전만 해도 이런 가정은 터무니없는 이야기로 여겨졌다. 지금은 그렇지 않다. 이 얼마나 실감 나는 위험인가? 이 문제의 심각성은 핵전쟁에 견줄 정도다. 인류의 주요 식량 작물 가운데 단 한 종류만 사라져도 파장은 어마어마할 것이다.

잭 할런Jack Harlan, 1917~98
식물유전학자·미국 작물과학협회 회장·국립과학원 회원

(2-3쪽) 에티오피아에서 재배된 밀을 가지고 치명적 병해인 줄기녹병에 대한 저항성을 테스트한다.

(오른쪽) 콜롬비아에서 나는 '카르차Carcha'는 기원이 6000년 전까지 거슬러 올라가는, 안데스 지역을 원산지로 하는 리마의 유전자 풀에 속한다.

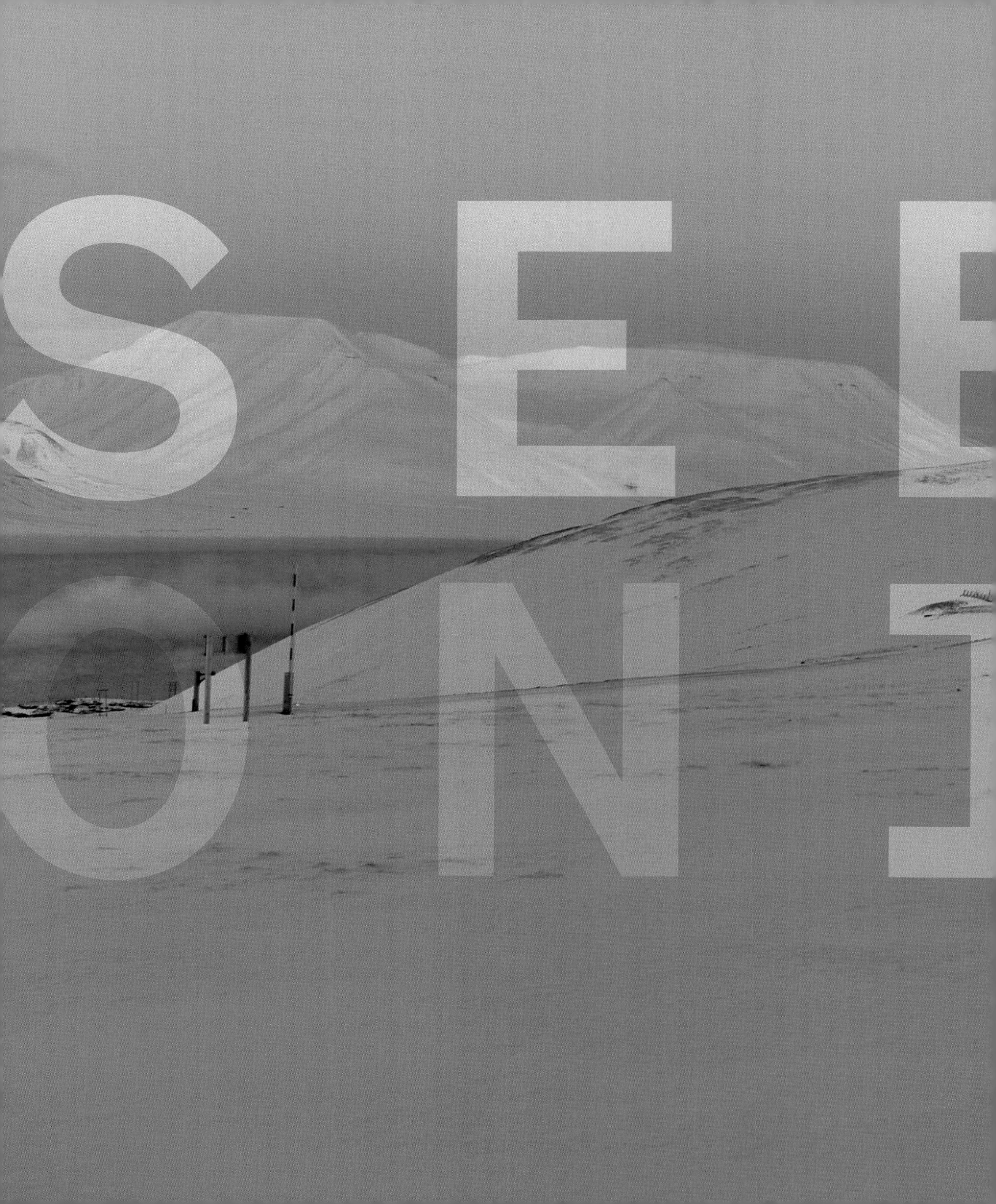
S E
O N

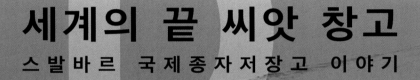

세계의 끝 씨앗 창고

스발바르 국제종자저장고 이야기

캐리 파울러 글 | 마리 테프레 사진 | 허형은 옮김

들녘

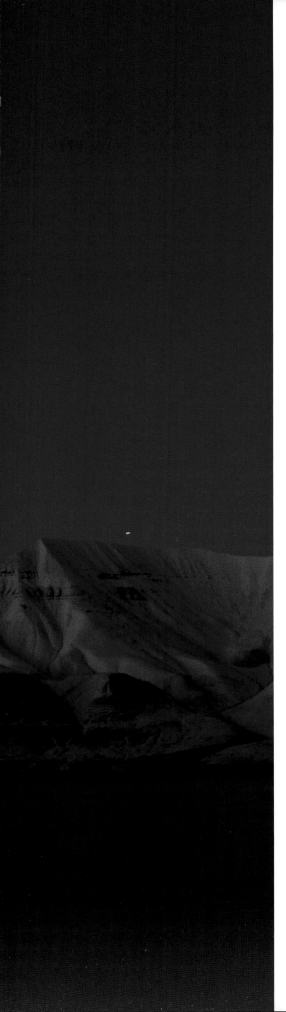

차례

Dato	Firma	Navn	Besøker	Inn	Ut	Signatur

Secretary General of the United Nations
Visit to the Polar Ice Brim 31 Aug – 2 Sep 09

I am impressed by the very creative initiative to preserve food security.

This is an inspirational symbol of peace and food security for the entire humanity.

Ki M Boon

Eir Solheim

Lars P. Bretch

Rolph Payet (Seychelles)

Young Mook Kim

추천의 말

매일 더 많은 사람들이 도시로 이주하고 급격한 기술 발전이 일상의 구석구석에서 점점 더 핵심적인 위치를 차지하면서, 우리 모두를 하나로 엮는 근본 요소 한 가지를 간과하게 되었다. 바로 인간은 음식을 먹고 산다는 점이다. 언뜻 단순해 보이는 이 기본 욕구에서 누구도 벗어날 수 없다. 이는 타협의 여지가 없는 필요조건이며, 그렇기에 누구 하나 예외 없이 식물 세계에 의존한다. 식물의 마법 같은 분자 작용 덕분에 태양에너지가 화학에너지로 변환되고 이 화학에너지에 인간과 다른 동물들이 의존하며 살아가기에 그렇다.

반기문 전 유엔 사무총장이 2009년 스발바르 국제종자저장고를 방문했을 때 남긴 방명록.

막힘없이 읽히며 아름다운 사진도 잔뜩 감상할 수 있는 이 책에서 캐리 파울러는 우리가 식물 세계에 진 빚을, 그리고 식물다양성, 그중에서도 세계 농업의 근간이 되는 주요 식물의 유전적 다양성을 미래 지향적으로 관리할 책임을 상기시킨다. 끊임없이 변화하고 예측 불가능한 오늘날의 세계에서 농업 생산력을 유지하고 미래를 대비하는 유일한 방법은 식물의 적응력을 보장하는 것뿐임을 파울러는 열성적으로 설득한다. 이 책은 다양성이 그 무엇보다 중요하며, 인류 모두가 양질의 음식을 풍성하게 누리는 미래를 확보하기 위해 행동에 나서야 한다고 말하는 호소문이다.

농업의 역사는 인류 문명의 역사라고 하는데, 애초에 몇 가지 안 되며 그나마 꾸준히 생산량이 감소하는 소수의 핵심 작물 품종에 점점 더 많은 인구가 의존하는 경향이 유독 지난 반세기 동안 가속화하고 있다. 우리 조상들은 엄청나게 다양한 종의 식물을 식량으로 이용했다. 반면에 오늘날 우리는 지구상에 존재하는 35만 종 이상의 식물 가운데 극히 일부에서만 식량을 얻고 있다. 게다가 개별 핵심 작물 안에서도, 현대 품종들은 유전자 기반이 점점 더 협소해지고 있다. 그리하여 우리는 갈수록, 말하자면 더 많은 알을 몇 개 안 되는 바구니에 몰아 담고 있다.

이런 현실에서 이 책이 전하는 핵심 메시지는 이렇다. 미래의 식량을 확보하기 위해서는 자만보다 겸허를 좌우명으로 삼아야 한다는 것. 세계의 가장 가난한 사람들은 대부분 풍작과 흉작의 차이가 만족스러운 삶과 비참한 삶을, 심지어 삶과 죽음을 가른다는 것을 알고 있다. 그러나 우리, 특히 선진국 국민들은 먹거리가 앞으로도 늘 풍족하고 저렴하리라 믿는다. 순진한 추정이다. 앞날을 미리 고민하고, 농업이 불가피하게 맞닥뜨릴 난관을 예측하며 이에 대비해야 한다. 길게 보아 세계 식량 공급 상황은 수많은 난관에 부딪칠 것이다. 캐리 파울러가 대표를 지낸 세계작물다양성재단Global Crop Diversity Trust이 강조했듯, "전 세계적으로 작물의 다양성을 보전하는 것만이 농가와 식물 육종가 들이 향후 닥쳐올 환란에 대비하는 데 필요한 원료를 확보할 유일한 길"임을 우리는 알고 있다. 선택지를 최대한 많이 확보하는 것은 상식적인 대처다.

인간의 생존에 가장 중요한 작물들 가운데 고수확 품종을 보전하고 계속 개발하는 것은, 특히 비료와 물의 투입량을 효율적으로 조정하는 경작 기술과 결합하여, 농업의 향방에 결정적인 역할을 한다. 고수확 작물 덕분에 세계의 농업은 점차 늘어나는 수요에 발맞출 수 있다. 또한 동일 면적당 수확량이 높아질수록 잠재적 생산성이 있는 다른 땅을 농작용으로 비워두지 않아도 된다. 그러나 이 작물들은 어디에 심건, 어떤 품종이건, 온갖 병원균과 해충의 끊임없는 공격을 받는다. 이들 병원균과 해충은 빠르게 진화할 뿐 아니라 점점 좁아지는 오늘날의 세계에서 한 지역에서 다른 지역으로 더 쉽게 퍼져 나간다. 진화는 이렇듯 우위를 점하려는 인간의 시도를 피해 가는 데 무한한 창의력을 발휘한다. 인간이 경작하는 모든 작물은 살아남기 위해 다윈주의적 군비경쟁에 임하고 있는 셈이다. 그런데 이는 인간도 마찬가지다. 그런 작물에 의존하고 있으니 말이다.

오늘날 농업은 또 하나의 심각한 문제에 직면했다. 세계 곳곳에서, 모든 작물이 마주해온 병충해의 오랜 위협이 기후변화로 인해 더욱 심화되고 있다. 기후변화는 농업의 판도를 바꿀 결정적 요소이며, 새로운 골칫거리들을 더한다. 오늘 다수확을 보장하는 품종이라고 해도 지금보다 높은 기온과 불안정한 강수 패턴 아래서는 같은 결과를 안겨주지 않을 것이다. 변화가 심하고 예측하기 어려워지는 가뭄과 홍수의 유형은 이미 심각한 문제가 되고 있다.

스발바르 국제종자저장고는 인류의 미래에 가장 중요한 작물다양성을 지켜내기 위한 국제 공조의 결실이다. 이 책은 종자저장고가 어떻게 탄생했는지 내부자의 시선으로 이야기한다. 언론이 붙여준 '종말의 날 저장고'라는 낭만적인 별칭보다 훨씬 복잡하고 다층적인 이야기가 숨어 있지만, 무엇보다 스발바르 종자저장고는 인류의 절박한 요구에 대한 품위 있고 간결하며 실용적인 대응이다. 세계 농업의 미래를 위한 보험인 셈이다. 보험금을 청구할 필요가 없기를 모두가 바랄 뿐.

나는 어느 겨울에 먼 여정을 거쳐 스발바르 종자저장고에 들어가 보는 엄청난 특혜를 두 번이나 누렸다. 숨이 멎도록 아름다운 이곳의 외관은 바람이 흩트린 북극 제도의 오묘한 겨울 여명을 받으면 더더욱 아름답다. 건물 안에는 거의 아무것도 없고 구조가 매우 실용적이다. 심하다 싶을 정도로 절제되어 있다. 이곳은 조명이 환한 실험실, 광이 나는 스테인리스 기구, 하얀 가운을 입은 과학자 군단이 있는 시설이 아니다. 그냥 저장고다. 텅 비고, 건조하고 차가우며, 추위와 비바람을

막아내고 바깥세상의 소용돌이와도 동떨어져 있는 저장고. 마리 테프레와 짐 리처드슨이 찍은 감탄스러운 사진들이 이 독특한 장소의 정수를 잘 포착해냈다.

외딴 산속 깊은 곳에 자리한 이 광대한 종자보관소는 세계 곳곳에서 보내온 헤아릴 수 없이 많은 작물의 씨앗을 간직하고 있다. 하나하나가 새로운 식물로 발아할 생명력을 지닌 이 수억 개의 씨앗은 미래 농업의 과제를 풀어내기 위해 사용할 원료를 보호하는 안전장치다. 스발바르 종자저장고는 국제 공조의 본보기이기도 하다. 수많은 국가의 종자은행에서 공수해온, 그러나 소유권은 해당 정부에 있는 씨앗들이 울타리 없이 나란히 보관되어 있다. 스발바르 종자저장고는 거의 모든 나라가 신속히 받아들인, 단순하면서도 믿음직한 해법이다. 그 가치는 이미 증명되었다. 시리아의 알레포에 있는 국제건조지역농업연구센터ICARDA가 내전으로 인해 접근이 불가능하게 되자, 그곳에 보관된 종자들을 스발바르의 백업 컬렉션에서 회수한 표본으로 재생해 다시 싹을 틔울 수 있게 만드는 작업을 10년 기한으로 진행하고 있다.

《세계의 끝 씨앗 창고》는 심각한 주제를 흥미롭게 풀어놓은 책이다. 스발바르 종자저장고는 몇 년 전만 해도 누군가 미래를 내다보고 떠올린 아이디어에 불과했다. 그런데 지금은 실재하고 있다. 길게 보았을 때 이곳의 중요성은 말로 다 할 수 없다. 잘 와닿지 않는다면, 딱 두 가지만 스스로 물어보라. 우리가 농업의 미래를 걸고 도박할 처지가 되는가? 오늘날 우리가 만들어내는 것 중에 또 무엇이 몇 세기 후에도, 선택받은 일부만이 아니라 인류 전체에게 여전히 의미가 있겠는가?

피터 크레인 경 Sir Peter Crane
영국 왕립학술원 펠로 회원 · 오크스프링가든재단 대표(2016~) · 예일대학교 삼림환경연구소 소장(2009~16)

서문

북극권 한계선보다 북극에 더 가까운, 노르웨이령 스발바르제도의 외딴 곳에 우뚝 선 바위투성이 플라토베르게산은 농업 보호 시설은 고사하고 어떤 국제 시설이 자리 잡기에도 생뚱맞은 곳으로 보인다. 살갗이 얼어붙도록 춥고 극도로 황량한 환경이라 곡류도 꽃도 나무도 자라지 못한다. 그럼에도 단단한 바위를 파내 만든 130미터의 긴 터널 끝에 인류의 소중한 보물, 지금껏 수집한 세계 최대 규모이자 최고로 다양한 종자 샘플로 가득 찬 방이 있다. 종자 개수만 해도 무려 5억 개가 넘는다.

지금도 소리 없는 구출 작전이 펼쳐지고 있다. 아무도 제지하지 못한 기후변화가 식량 생산성을 심각하게 저해하고 전 세계 작물다양성을 위협하고 있는 시점에, 스발바르 국제종자저장고는 수백만 종에 이르는 고유 작물을 확실히 보전하기 위해 인류가 내디딘 위대한 한 걸음을 상징한다. 여기 보관된 것은 종자 컬렉션이지만, 더 중요한 것은 종자에 함유된 형질의 컬렉션이다. 어떤 품종은 특정 해충에 강한 저항성을 띠게 하고 또 다른 품종은 뜨겁고 건조한 기후에 내성을 띠게 하는 각기 다른 유전자 말이다. 식물 육종가와 농부 들은 이러한 다양성 자원에서 얻은 재료로 더 온난해진 기후와 끊임없이 진화하는 병충해에 맞설 수 있게 작물을 개량할 것이다. 사실상 모든 것이, 우리의 작물이 미래에 보유하기를 소망하는 모든 형질, 모든 옵션이 이 유전적 다양성에 들어 있다. 전 세계의 작물다양성 가운데 가장 중요한 알짜배기, 인간이 경작을 하는 한 작물 진화와 적응을 책임질 '바로 그것'이 스발바르 국제종자저장고에 보관돼 있는 셈이다.

한마디로 스발바르 종자저장고의 사명은 우리 농작물의 다양성을, 이런 종자들을 영구히 보호하는 것이다. 공식적으로 스발바르 종자저장고는 노르웨이 농업식품부, 북유럽 유전자원센터(스웨덴 알나르프), 세계작물다양성재단(독일 본)과 손잡은 비영리 국제 협력 시설이다. 하지만 협력

알레포에 있는 국제건조지역농업연구센터에서 공수해온 이 상자들에는 스발바르 종자저장고가 시리아 내전의 포화에서 지켜낸 밀과 보리, 레귐 샘플의 일부가 들어 있다. 전 인류에게 소중한 자원이다.

대상은 이 기관들에만 국한되지 않고 스발바르에 보호를 요청하며 종자를 보내온 수많은 유전자 은행, 나아가 전 세계 농업공동체 그리고 궁극적으로는 그들이 농산물이라는 상품을 제공하는 소비자, 즉 우리 모두까지 전부 아우른다.

아마도 대부분의 사람들은 평생 스발바르 저장고의 씨앗을 보거나 만져볼 기회가 없을 것이다. 뼈가 시리도록 추운 섬 한복판에 육중한 바위로 격리된 시설에서, (때때로 토착 북극곰의 방문을 받을 뿐만 아니라) 전자식 보안 시스템의 감시를 받으며, 몇 중으로 잠긴 문 뒤에서 봉인된 상자에 담긴 수억 개의 종자가 보호받고 있는 것이다. 이렇게 산속 요새에서 꽁꽁 언 채로 보관되어 있는 주요 작물 종자들은 앞으로 수백 년, 아니 그보다 더 오래 생존할 것이다. 일부 작물의 종자는 수천 년까지도 발아력을 유지할 수 있다.

이 책은 스발바르 종자저장고에 대한 이야기이자 마법처럼 아름다운 곳, 나는 당연히 사랑에 빠졌고 이 책의 사진작가인 마리 테프레도 마음을 빼앗겨 고향이라 부르게 된 곳에서 펼쳐지는, 농업의 과거와 미래를 지키려는 범상치 않은 노력에 대한 이야기다. 또한 희망과 헌신에 대한 이야기이기도 하다. 의심과 냉소를 거두고 여러 나라가 합심해 뜻 깊고 오래 지속될 일을 한다면, 지금 우리가 어떤 사람이며 앞으로 어떤 사람이 되고 싶은지를 드러내줄 일을 이루기 위해 다 함께 협력하면 얼마나 엄청난 결실을 맺을 수 있는지를 보여주기 때문이다. 사진을 찬찬히 들여다보고 글의 행간을 읽으면 농부들과 과학자들 그리고 국제적인 종자저장고 설립의 꿈을 끝까지 포기하지 않은 우리들의 이야기를 발견할 것이다.

책장을 넘기다 보면 또 여러분이 1인 가이드 투어 중임을 눈치챌 것이다. 스발바르 종자저장고, 혹은 언론이 자주 입에 올리는 별명인 '종말의 날 저장고doomsday vault'가 일반인에게는 공개되지 않는 곳이기에 하는 말이다. 첫 삽을 뜬 순간부터 저장고를 완공한 날까지, 그리고 입구에서부터 냉각장치가 가동되는 보관실까지, 이 책 한 권이 스발바르의 눈부신 절경 한가운데 자리 잡은 국제종자저장고를 구석구석 구경시켜줄 것이다. 그러면서 모두가 품고 있을 질문을 던질 것이다. 이 시설은 왜 건립되었나? 배경에 누가 있나? 어떤 식으로 운영되나? 왜 그렇게 춥고 외딴 곳에 지었나? 어떤 종류의 종자가 보관되어 있나? 어디서 온 종자들인가? 이 종자들을 보존하는 게 어째서 중요한가? 스발바르 종자저장고는 실제로 어떤 기능을 하는가? 그 일을 구체적으로 어떻게 하나? 앞으로 어떻게 이용될 것인가? 궁극적으로 무엇을 성취할 것인가?

《세계의 끝 씨앗 창고》는 농업의 생물학적 근간이자 인류에게 가장 중요한 자연자원이라 할

에티오피아의 에제레 농경공동체 종자은행의 시험 못자리에서 재배한 재래종 밀.

종자보관실. 왼쪽 열에 캐나다가 위탁한 샘플이 보인다. 중앙 열에 쌓아둔 상자들에는 국제 유전자은행 두 곳에서 맡긴 쌀과 밀, 보리, 레귐 샘플이 들어 있다.

수 있는 작물의 다양성을 보전하는 데 힘을 모으자는 나의 간곡한 호소다. 또한 고래로 농사를 지어온 우리 조상들과 오늘날의 농부들에게 바치는 헌사다. 작물다양성을 가꾸고 키운 이들은 과거와 현재의 농부들이니까. 이 책은 스발바르와 그곳의 아름다움과 장엄함에, 종자저장고에, 또한 종자저장고의 설립과 운영에 관여한 모든 이에게, 롱위에아르뷔엔의 공동체에, 그리고 스발바르 종자저장고가 보전하는 생물다양성이 온 인류의 공통 유산이라는 믿음에 바치는 러브레터다. 우리는 자연에게 생물다양성의 수호자 역할을 명 받았고 온 힘을 다해 그 역할을 수행해야 한다.

마지막으로 이 책은 결코 꺾이지 않는 낙관주의를 증언한다. 다시 말해 전 지구적인 문제, 어떤 엄청나게 심각한 문제라도 신뢰와 선의, 협력과 끈기만 있으면 얼마든지 풀어나갈 수 있다는 나의 확신과 경험을 담고 있다.

곡류와 레귐의 다양성은 세계 주요 농업 시스템의 근간을 이룬다.

헬리콥터에서 내려다본 스발바르 종자저장고 입구.

북유럽 국가들은 자국의 종자 샘플 일부를
흔히 쓰이는 포일 봉투 대신 밀폐 유리관에 담아 보관한다.
사진에 보이는 샘플은 종자저장고에서 해설용으로 사용되는 것이다.
《내셔널 지오그래픽》 소속 사진작가 짐 리처드슨이
영하 40도에서 얼굴에 돌풍을 맞아가며 이 장면을 포착했다.
그날 내가 겪어본 가장 혹독한 추위를 맛보았다.

1장 스발바르, 세계의 지붕을 여행하다

스발바르 국제종자저장고가 어떤 곳인지 이해하려면 우선 이 시설을 품은 스발바르를 알아야 한다. 최근까지만 해도 스발바르제도는 북극에 조마조마할 정도로 가까이 자리 잡은, 사람이 살기 힘든 별로 중요하지 않은 거류지였다. 그런데 극북極北에 대한 지정학적, 과학적 관심이 일고, 모험심 넘치는 관광객들을 데려다 놓느라 SAS 항공기가 매일 한 번씩 다녀가면서 상황이 바뀌었다. 물론 세계에서 가장 주목받는 시설 중 하나인 종자저장고도 한몫했고 말이다.

네덜란드의 탐험가 빌럼 바렌츠가 1596년에 발견한 스발바르제도는 노르웨이 본토 북쪽, 북위 74도에서 81도 사이에 위치한 군도다. 면적이 약 6만 800제곱킬로미터로, 벨기에 영토의 두 배다. 스발바르에는 북극곰이 사람보다 두 배 많고, 순록은 어떤 종보다 개체수가 많다.

로마에서 비행기를 타고 유럽 대륙을 가로질러 오슬로에 이르면, 딱 온 만큼 더 가야 스발바르의 주 정착지인 롱위에아르뷔엔이라는 작은 마을에 닿을 수 있다. 이렇게 말하면 얼마나 북단인지 짐작이 갈까? 위도 78도에 위치한 이 마을은 정기 항공편이 닿는 최북단 지점이며, 하늘길로 갈 수 있는, 북극에 가장 가까운 지점이다.

노르웨이인이 아닌 여행객이 스발바르에 가려면 별 수 없이 이틀이 넘게 걸린다. 오슬로에서 출발하는 정기편은 바다 건너편에서 오는 비행기들이 이 나라로 들어오기 전인 오전 9시 30분쯤 출발하기 때문에, 오슬로에서 불가피하게 1박을 해야 한다. 스발바르행 비행기는 트롬쇠에 잠시 기착하는데, 북극권에서 북쪽으로 315킬로미터 더 올라간 트롬쇠는 노르웨이에서 일곱째로 큰 도시이자 세계 최북단 대학 겸 최북단 의과대학이 있는 곳이다.

트롬쇠를 떠나 스발바르제도를 향해 바다를 건너는 마지막 구간을 통과하기 위해 비행기에 탑승하기 직전, 으레 표지판 하나가 눈에 들어온다. 백곰 한 마리가 피투성이의 짐승 잔해를 먹고

스발바르제도 롱위에아르뷔엔 마을의 알록달록한 집들.

있는 사진 아래 이런 안내문이 쓰여 있다. "북극곰을 우습게 보지 마시오." 10년 전만 해도 스발바르 주민들과 두려움을 모르는 북극곰 연구자 무리 그리고 관광객 두어 명이 장총을 가지고 비행기에 오르곤 했다. 지금은 규정상 무기는 화물칸 아래에 실어야 한다. 스발바르의 주 거주지인 롱위에아르뷔엔에서는 다들 총기를 갖고 있어서, 은행에 가면 건물 내부에서는 총기 소지를 금한다는 포스터가 붙어 있을 정도다.

북극곰은 이곳에서 노르웨이어로 '얼음곰'을 뜻하는 '이스비에른isbjørn'으로 불리는데, 주민들은 이 곰이 무서워서 벌벌 떨며 지내지는 않는다. 그저 경계를 게을리하지 않고 늘 조심할 뿐이다. 스노스쿠터를 타고 마을 밖으로 나가거나 이 지역 면적의 대부분을 차지하는 산으로 하이킹을 갈 때면 주민들은 대구경 라이플과, 경우에 따라 권총이나 비상조명탄을 소지한다. 자칫 마주칠지 모르는 북극곰을 쫓아버리기 위해서다.

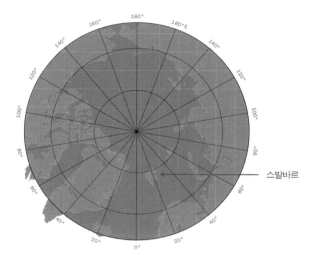

몇 년 동안 북극곰이 롱위에아르뷔엔에 내려온 적이 수십 차례나 있었다. 다 자란 수컷은 몸무게가 수천 파운드는 거뜬히 나간다. 흰곰은 몸집이 거대하고 움직임이 날래며 눈밭에서 잘 식별하기 힘들다. 먹이사슬 꼭대기에 군림하고 있는 데다 앞발을 한 번만 휘둘러도 사람을 갈가리 찢어놓을 만큼 무시무시하고 행동을 예측할 수 없어서 극도로 위험하다. 게다가 롱위에아르뷔엔 끝단의 도로 표지판들이 경고하듯, 스발바르의 어느 구석에서든 시도 때도 없이 출몰한다. 스발바르 주민이라면 북극곰과 마주쳐 식겁했던 이야기를 하나씩 가지고 있고, 방문객들도 다들 한 번쯤은 북극곰을 목격하고 싶어 한다. 단, 가까이에서는 말고.

스발바르제도의 기후와 지형은 '극단적'이라는 한마디 말로 표현할 수 있다. 연중 어느 때고 눈이 내릴 가능성이 있고, 실제로 그래왔다. 실제 사례를 이야기해볼까. 2013년 6월에 나는 12인승 선박인 MS 스톡홀름호를 타고 스피츠베르겐섬의 최남단을 돌아 동해안을 끼고 북쪽으로 이동했는데 내내 눈이 오고 살갗이 아리도록 추웠다. 우리 일행은 북극곰을 10여 마리나 목격했다. 한 놈은 제 몸보다 큰 바다표범을 물에서 끌어내고 있었고, 다른 한 놈은 바다표범이 고개를 내밀기

를 기다리면서 얼음 한가운데 난 구멍 앞에 몸을 웅크린 채 한 시간이나 앉아 있었다. 엄마 곰이 새끼 두 마리를 돌보는 광경에는 일행이 모두 탄성을 질렀다.

인간의 손길이 닿지 않은 빙하와 산과 해안선이 빚어내는 광활한 풍광을 배경으로 하나의 점에 불과한, 소리 없이 얼음판을 걷는 이 거대하고 우아한 곰들을 멀리서 엿보면서 나는 이곳 스발바르의 엄청난 존재감을 실감했다. 더불어 이 환경에서 나는 얼마나 보잘것없고 전혀 대비가 안된 외부 침입자에 불과한지를 절감하기 시작했다. 롱위에아르뷔엔을 벗어나면 사실상 지구상의 어떤 장소와도 사뭇 다르게, 인간이 아무것도 통제할 수 없다. 참으로 오싹하고, 한없이 겸허해지는 동시에, 불안하면서도 짜릿한 경험이었다.

우리가 탔던 스톡홀름호도 여러 차례 부빙에 가로막혔다. 한번은 우리 일행 여덟 명이 바다코끼리 가족을 가까이에서 관찰하러 해안에 내렸다가 보트를 타고 본선으로 돌아오는 길에, 무서운 속도로 우리를 포위한 부빙에 갇히고 말았다. 우리는 부빙이 만든 미궁을 천천히, 조심조심 빠져나와 본선으로 귀환했고 선장에게 한바탕 혼쭐이 났다. 이런 환경에서는 작은 실수도 치명적이다.

이런 환경에서 영위한 삶을 묘사한 이야기 중에 특히 잊히지 않는 것이 하나 있다. 1922년 2월, 두 남자 하랄 시몬센과 토르게이르 뫼클레비가 총 한 자루와 탄약 한 줌, 그리고 6주 치의 식량을 챙겨 갑판 없는 배를 타고 롱위에아르뷔엔 북쪽으로 향했다. 그곳에서 겨울을 나고 있던 덫사냥꾼 노인의 상태를 살피러 나선 것이었다. 덫사냥꾼의 소식이 끊긴 지 몇 달이 지나 있었다. 두 사람은 오래 머물 생각이 아니었다. 식량은 덫사냥꾼의 몫으로 챙겼는데 노인이 이미 죽었다는 사실은 나중에야 알려졌다. 바다에 나오자마자 시몬센과 뫼클레비는 취빙을 만났다. 취빙이란 폭이

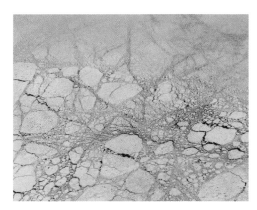

얼음 조각들이 바람과 해류에 밀려 거대한 덩어리를 이룬 취빙.

보통 1~2미터 정도 되는 얼음 조각들이 바람과 해류에 떠밀려 거대한 덩어리를 이룬 것을 말한다. 우리도 2013년 스톡홀름호를 타고 가다가 몇 차례 만난 만난 적이 있다. 그러나 이 이야기에서 때는 한겨울이었고 두 사람은 취빙 앞에서 속수무책이었다. 얼음덩어리를 피해 배를 조종할 수도, 배에서 내려 얼음을 딛고 해안으로 갈 수도 없었다.

3주간 그들은 지붕 없는 배에서 매서운 겨울

지구상의 최북단 정착지인 롱위에아르뷔엔. 현지에서 채굴한 석탄으로 전력을 생산한다.

을 버텼다. 마침내 물자가 떨어지기 시작했을 즈음 땅에 닿았고 조그만 오두막을 발견했다. 두 사람은 끈기와 친절, 서로를 향한 배려로 가득 찬 놀라운 일기를 계속 써나갔고, 그런 상황에서 보기 드문 희망찬 태도를 내내 유지했다. 이때만 해도 그저 얼음이 물러나 배가 움직일 수 있을 때까지만, 그러니까 구조될 가망이 있는 봄까지만 버티리라 각오했다. 그러나 굶주림이 서서히 그들을 죄어왔다. 6월까지 뫼클레비는 새 서른여섯 마리를 사냥했는데 남은 탄환은 세 개뿐이었고, 이제는 몸을 일으켜 사냥할 기운조차 없었다. 6월 4일부터 8일 사이 그들은 남겨둔 새 껍질로 수프를 네 번 끓여 먹었다. 시몬센의 일기는 12일을 마지막으로 끊긴다. 6월 7일, 끝이 가까웠음을 안 뫼클레비는 이렇게 썼다. "우리는 지쳤고 이제는 떠나고 싶다⋯⋯. 우리의 유해를 발견하거든, 고향으로 돌아가 나를 반겨주는 흙에 눕기 전에 잠시 교회에 들르게 해달라는 것이 마지막 소원이다. 이것이 지금 나의 희망이다. 단, 하얀 관이나 하얀 비석은 사양한다. 너무 오랫동안 흰색만 봐서 이제는 다른 색을 간절히 보고 싶다. 그리고 무덤에 꽃도 심어주기를. 파란색과 빨간색으로."

시몬센의 유언은 어머니에게 남긴 것인데, 6월 13일자로 되어 있다. 뫼클레비의 마지막 일기도 같은 날 쓰였다. 두 사람의 유해와 일기는 이듬해 여름에 발견되었다.

스발바르에는 북극여우가 자주 출몰하며, 롱위에아르뷔엔을 가로질러 뛰어가는 모습도 종종 목격된다.

시몬센과 뫼클레비는 스발바르의 얼음에서 벗어날 수 없었다. 다른 누구라도 그랬을 것이다. 스발바르는 북극의 사막이라 일컬어질 정도로 비가 거의 내리지 않음에도 불구하고 육지의 60퍼센트를 빙하가 덮고 있다. 가장 큰 빙하인 에우스트폰나는 바다와 접한 측의 길이가 장장 약 129킬로미터이고 군데군데 두께가 548미터에 달한다. 그러나 빙벽은 후퇴하고 있다. 최근까지만 해도 '만년'설로 덮여 있었는데 이제는 다 벗어지고 새로 드러난 자갈 덮인 땅을 수백 미터씩 걸어서 이동할 수 있게 된 곳들이 많다.

매년 11월 14일부터 1월 29일까지 스발바르에는 '극야'가 찾아온다. 태양이 직사광선을 보낼 만큼 지구에 가까이 오지 않아서 일어나는 현상이다. 태양이 지평선 위로 떠올라도 여전히 산에 가려져 있는 나날이 몇 주고 계속된다. 그러다 3월 8일이 되어야 햇빛이 롱위에아르뷔엔에 돌아온다. 그러면 주민들은 첫 햇살을 받으러 야외로 쏟아져 나온다. 아이들은 저마다 태양을 표현한 의상을 입고 나와 일주일간 이어지는 태양축제의 개막을 알린다. 기쁨이 넘치는 시간이다. 4월 19일부터 8월 23일까지는 해가 지평선 아래로 떨어지지 않는다. 24시간 내내, 끊임없이 햇빛이 비친다.

이 정도의 북단 지역에서 계절마다 달라지는 조광은 어디에서도 보기 힘든 독특한 색깔을 빚어내는데, 특히 태양이 지평선 살짝 아래에 있어서 광선이 굴절될 때 이런 현상이 도드라진다. 때로는 선명하고 때로는 부드러운 파스텔 색조로 변하는 파란색과 분홍색의 팔레트가 엄혹한 풍광 위에 드리운 하늘을 주름잡는다. 평소에 뭘 봐도 시큰둥한 사진가들도 북극의 하늘을 보면 이런 빛은 처음 본다며 감탄한다.

파랑과 초록, 분홍은 칠흑같이 어두운 겨울밤에도 하늘에서 달음박질하고 춤을 춘다. 그래서 이 북극광(오로라)이 보이는 스발바르에는 북극광 현상을 연구하는 기지도 들어와 있다.

가장 큰 섬인 스피츠베르겐섬을 비롯한 스발바르제도는 노르웨이 영토에 속하지만 43개국이 조인한 '1920 스발바르조약'의 규제를 받는다. 1600년대 초에는 포경과 어업이 흥해 선박과 모험가 들이 스발바르제도로 몰려들었다. 얼마 후에는 사냥꾼과 덫사냥꾼 들이 찾아오기 시작했고, 1900년대 초반에는 광부들이 가세했다. 그전에는 스발바르에 원주민이라고 부를 만한 사람들이 없었다.

스발바르제도에는 세 곳의 '주요' 거주지가 있다. 노르웨이인이 대다수인, 주민 2200여 명이 사는 롱위에아르뷔엔은 스발바르의 행정과 문화, 경제의 '중심지'다. 바렌츠부르그는 인구 500명의 외딴 러시아령 탄광촌으로, 롱위에아르뷔엔 서쪽에 위치하는데 도로로 연결돼 있지는 않다. 그리고 롱위에아르뷔엔에서 북쪽으로 113킬로미터 가면 연중 인구가 25명 정도인 뉘올레순이라는 조그만 노르웨이령 북극 연구 공동체가 있다.

롱위에아르뷔엔Longyearbyen은 존 롱이어John Longyear라는 미국인 사업가의 이름을 따서 지은 지명이다. 롱이어는 1906년 이곳에 처음 탄광을 설립한 인물이고, 뷔엔byen은 노르웨이어로 '마을' 이라는 뜻이다. 노르웨이인들은 때때로 이곳의 이름을 말할 때 'year' 대신 '해[年]'를 뜻하는 노르웨이어 'år'를 집어넣어 '롱-오어-뷔엔'으로 발음함으로써 명칭을 더 '북유럽화'한다.

누가 봐도 소도시 정도인 롱위에아르뷔엔은 마치 있음직하지 않은 일들의 집합체 같다. 우선 겨울 동안 인구가 현저히 감소하는데, 그러지 않아도 '영구' 거주한다고 할 만한 주민은 몇 안 된다. 그들이 스발바르를 싫어해서가 아니고—오히려 무척 사랑한다—거의 대부분의 일자리가 한시직 이고 성장에 한계가 있기 때문이다. 그럼에도 많은 주민들이 몇 해만 머무를 작정으로 왔다가 조 금 더 머물 핑계를 찾곤 한다. 이곳의 광대한 풍경, 야생, 유독 끈끈하고 따뜻한 지역사회를 떠나자 면 마음 한 부분이 잘려나가는 것 같다. '스발바르 분위기'에 물드는 것이다. 오랜만에 설레는 마음

으로 본토로 넘어가도, 십중팔구 다시 섬으로 돌아가 고픈 열망에 짧게 머물렀다 돌아온다.

롱위에아르뷔엔 인구의 3분의 1 정도는 행정직 아니면 연구직에 종사한다. 여기 지방정부는 스발바 르제도 전체의 법률과 규제, 보안, 환경과 관련된 업무 를 총괄한다. 소규모 경찰대도 있지만 범죄는 거의 안 일어난다. 종자저장고를 기획하던 무렵 지자체장이 말하길, 십대 청소년이 저장고 건물 벽에 스프레이로 단어 하나라도 갈겨놓으면 경찰이 즉시 출동해 범인

을 잡아올 거라고 귀띔했다. 하지만 그래피티 범죄는 일어나지 않았다.

현대식의 대학 연구 센터는 입이 쩍 벌어지는 규모의 기후 관련 연구를 비롯해, 스발바르에 서 이루어지는 극지방 연구의 중심 기구 역할을 톡톡히 하고 있다. 그러나 학위를 주는 기관이 아 니라 학생들과 여러 연구자들이 공부하고, 새로운 것을 배우고, 탐구하러 오는 곳이다. 나사NASA 와 국립해양대기국NOAA, 유럽우주기구를 위해 위성을 추적하고 정보를 다운로드하는 대형 시설 인 스발사트SvalSat를 비롯해 다수의 전문 기업도 입주해 있다. 2008년 유럽회의가 주관하는 박물

스발바르의 빙하에서 떨어져 나온 얼음. 바다가 조각해놓은 작품 같다.

거의 모든 주민이 하나 이상의 스노스쿠터를 가지고 있다.

관상을 받은 꽤 훌륭한 스발바르박물관도 있다. 박물관 안으로 들어가면 스발바르의 역사와 문화, 자연과 과학을 아우르는 풍성한 정보가 담긴 전시가 눈길을 사로잡는다.

인구의 또 다른 3분의 1 정도를 차지하지만 점점 수가 줄어드는 주민 집단은 탄광에서 일한다. 여기 탄광은 롱위에아르뷔엔에 전기와 온열을 공급할 뿐 아니라 일본과 독일에 석탄을 수출하며 여타의 지역에도 특수강 제품 등을 수출하고 있다. 어디를 가나 초기 탄광 산업의 잔재가 보인다. 석탄이 가득한 통을 광구에서 끌어올려 산의 비탈면을 타고 저 높이, 석탄을 운송 가능한 상태로 으스러뜨리는 공장으로 보내는 케이블을 지탱하던 격자 구조물 같은 것 말이다. 추위와 어둠 속에서 거의 수직에 가까운 산비탈을 따라 거대한 목재를 끌어올리고 무거운 강철 케이블을 잡아당기는 데 든 노고는 지금 우리로서는 상상도 못할 정도였을 것이다. 한때 롱위에아르뷔엔의 사방에 산재했고 이동용 통에 석탄을 그득그득 채웠던 광산들은 이제 다 폐쇄됐지만, 마을 곳곳의 산속에 미로 같은 갱도는 여전히 남아 있다. 마을 외곽이나 마을에서 조금 떨어진 골짜기에서는 탄광 몇 개가 여전히 가동 중이다. 마을 중심부의 주 도로 한가운데에는 집으로 돌아가는 광부의 실물 크기 입상이 서 있다.

점점 늘어나는 마을 인구의 나머지 3분의 1은 관광업과 연을 맺고 있다. 관광객의 존재는 롱위에아르뷔엔의 겉모습과 분위기를 급격히 바꾸어놓았다. 특히 크루즈가 정박하고 당일치기 방문객들이 하선해 마을 여기저기를 돌아다니면서 품질 좋은 노르웨이산 스웨터나 기념품 따위를 쇼핑하는 여름에 더더욱 그렇다.

현재 롱위에아르뷔엔에는 제법 세련된 소규모 호텔이 여럿 있어서, 여름 관광객은 물론 다른 계절에 방문하는 겁 없고 호기심 많은 관광객들을 수용한다. 내가 제일 좋아하는 호텔은 스피츠베르겐 호텔인데, '풍켄Funken'이라고도 부른다. 마을에서 가장 오래된 이 호텔은 과거에 본토에서 온 탄광 부서 공무원들인 풍쇼네르funksjonær('화이트칼라'라는 뜻이다)가 이용한 숙소였다고 해서 이런 별명이 붙었다. 탄광이 광부들로 북적댔던 시절의 흑백사진이 호텔 복도와 방을 장식하고 있다. 롱위에아르뷔엔의 어느 건물처럼 풍켄 호텔도 바깥에서 들어올 때 신발을 벗어야 한다. 체크인을 하기 위해 양말 신은 발로 접수 데스크로 걸어가 나를 단골손님 취급해주는 직원의 인사를 받으면, 꼭 집에 돌아온 것 같다. 매일 오후 네시에는 투숙객들을 위해 와플용 반죽을 내놓는다. 알아서 만들어 먹어야 한다. 한쪽 창으로는 마을 전체가 한눈에 들어오고 다른 쪽 창으로는 빙하가 보이는 식당에서 아침을 먹고 있으면 호화로운 연회를 즐기는 것 같다. 바로 이 호텔의 로비 한 켠에 있는

이 버팀다리와 케이블은 과거에 발전용이나 수출용 석탄을 탄광에서 마을로 운송하던 것이다.

조그만 응접실에서, 노르웨이 왕가 초상화가 내려다보는 가운데, 우리는 종자저장고 건립에 대한 최초 계획안을 구상했다.

2004년 어느 날 나는 오슬로 남쪽에 있는 노르웨이 생명과학대학 연구실에서 친구인 루네 베르그스트룀에게 전화를 걸었다. 루네는 당시 스발바르의 환경 부서 책임자였다. 그리고 사미족(노르웨이와 핀란드, 스웨덴, 콜라반도에 거주하는 피노우그리아 어족의 민족. 예전에는 라플란더 혹은 랍스Laps라고 불렀으나 특히 랍스는 멸칭으로 간주되어 더 이상 그렇게 부르지 않는다—옮긴이)의 순록 소유와 관리 실태를 주제로 박사 논문을 쓰고 있던 또 다른 친구 카산드라와 결혼한 사이이기도 했다. 나는 스발바르에 종자를 장기간 보존하는 시설을 건립하는 사업의 타당성 조사 임무를 맡은 소규모 위원회의 다른 멤버들과 함께, 2~3일 후 비행기를 타고 스발바르로 이동할 예정이었다. 루네가 그 문제를 협의할 현지 공무원단을 소집해주겠다고 나선 터였고.

루네가 갑자기 외쳤다. "오! 밖에 북극곰이 있어요!" 어찌 보면 루네는 스발바르의 북극곰 담당이라고 할 수도 있었다. 하지만 실제로 창밖으로 곰을 목격하는 일은 흔치 않았다. 그는 정중하게 인사를 하고 얼른 전화를 끊었다. 며칠 뒤 스발바르에 도착한 나는 지난번 곰은 어떻게 됐느냐고 물었다. 안타깝게 됐어요, 루네가 대답했다. 조명탄으로 쫓아버리기도 전에 곰이 달려드는 바람에 방어에 나선 사람이 녀석을 총으로 쏘아 상처를 입혔고, 루네가 곰의 숨통을 끊어주었다고.

스발바르는 1946년 이전 석탄 캐고 덫사냥 하던 시절의 유물들을 법으로 철저히 보호하고 있다.

북극의 왕, 이스비에른(얼음곰)은 진정한 왕족이다.

롱위에아르뷔엔 근처
의 산이 펼쳐낸 장관.

북극 황새풀.

그런 상황에서 취할 수 있는 유일한 인간적 처사였다.

그날 저녁 식사 때 우리 테이블로 온 종업원이 기본 메뉴인 순록과 대구 요리 외에 특별 메뉴로 고래와 바다표범 고기도 준비되어 있다고 알려주었다. 나는 호기심에 북극곰 요리는 없냐고 물었다. 며칠 전 곰 한 마리가 총에 맞아 죽었고 여기서는 그냥 버리는 자원이 없음을 알았기 때문이다. 종업원은 1초도 주저하지 않고, 북극곰 고기가 남았는지 알아보고 오겠다고 대답했다. 그리고 잠시 후 돌아와, 메인 요리로 내놓기에는 양이 부족하지만 주방장이 애피타이저로 꽤 그럴싸한 '북극곰 카르파초'를 준비할 수는 있다고 했다. 이럴 때 먹어봐야지 또 언제 먹겠나? 아무튼 생고기든 익힌 고기든 내가 북극곰 요리를 먹기는 그때가 처음이자 마지막이었다.

하지만 이런 경우는 극히 드물어서, 롱위에아르뷔엔 주민들 중에도 곰 고기를 맛본 사람은 몇 안 된다. 인간의 자기방어 행위로 살해되는 곰이 1년에 평균 한 마리도 못 되기 때문이다. 내가 겪은 일은 예외적이고 색다른 경험이었던 것이다. 스발바르 주민들은 북극곰을 경외한다. '북극의 왕'으로 떠받들 정도다. 원주민들은 이 위엄 있는 동물을 사랑하고 귀히 여겨서, 해를 입히지 않으려고 무진 애를 쓴다.

롱위에아르뷔엔에는 레스토랑이 몇 개밖에 없고 전부 규모가 작다. 메뉴에는 보통 순록, 바다표범, 들꿩, 고래 고기가 있다. '집'이라는 뜻의 후세Huset 레스토랑은 스칸디나비아반도에서 가장 크고 질 좋은 와인 셀러를 자랑한다. 나는 통나무로 지은 크로아 레스토랑에서 자주 동네 주민들, 손님들과 한데 어울려 푸짐하게 한 끼를 먹는다. 실물보다 큰 레닌 흉상을 들여놓은 근처의 술집에서는 생맥주를 파는데, 이 흉상은 소련 몰락 직후 러시아의 탄광촌 바렌츠부르그에서 빼내온 것이다.

이 마을에는 조그만 슈퍼마켓이 하나, 우체국과 은행도 각각 하나, 그리고 술집과 주간신문은 두 개다. 신문 하나는 노르웨이어, 그보다 판형이 훨씬 작은 하나는 영어로 발행된다. 《스발바르포스텐》과 《아이스피플》. 소박한 가게에서는 질 좋은 겨울 의류를 판다. 노르웨이인들이 즐겨 하는 말이 있다. "날씨는 아무 문제 없다. 옷차림이 문제일 뿐."

최근 몇 년 사이 관광객에게 스노스쿠터를 빌려주거나 개썰매 타기 같은 야외 스포츠를 체험하게 해주는 회사가 우후죽순 생겨났다. 한편 울타리를 두르고 개들을 키우는 축사(개 한 마리당 개집을 하나씩 준다)에 주기적으로 북극곰이 출몰하는데, 때때로 말썽이 생기거나 비극으로 이어진다.

스발바르에 사는 모든 주민은 생계 수단을 확보해야 한다. 정부가 베푸는 복지는 제한돼 있기 때문에 거주자 수도 제한된다. 롱위에아르뷔엔 주민 중 1970년대부터 쭉 살고 있는 사람은 마흔 명이 채 안 된다. 병원이 하나 있긴 한데 임신부는 출산일을 넉넉히 앞두고 본토에 가 있으라는 권유를 받는다. 마을에는 20세기 초 독감 대유행 때 사망한 이들의 시신을 안치한 작은 묘지가 하나 있다. 스발바르에서 죽음을 맞을 수는 있지만 영면할 수는 없다. 더는 매장이 허용되지 않기 때문이다.

롱위에아르뷔엔에 있는 거의 모든 것에 세계 최북단이라는 수식어가 따라붙는다. 최북단 술집, 최북단 병원, 최북단 유치원(세계에서 유일하게 '북극곰의 공격에도 끄떡없는' 유치원임을 자처한다), 최북단 신문, 최북단 택시 서비스, 최북단 우체국, 최북단 수영장, 최북단 블루그래스(기타와 밴조로 연주하는 미국 전통 컨트리음악—옮긴이) 밴드(마리 테프레가 이 밴드의 멤버다) 등이 있다.

롱위에아르뷔엔은 보통 감정을 잘 드러내지 않는 노르웨이인들이 뭔가 색다른 것을 경험하려고 찾는 곳이다. 북극에 대한 사랑으로 한데 모이고, 보통은 한정된 시간 동안 문명의 가장자리에 있는 작은 공동체에서 어울리기에 서로 잘 협조한다. 격의 없이 군다. 서로 돕는다. 규칙을 엄수하느라 뭘 못 하는 일은 거의 없다. 어떻게든 일이 되게 한다. 그래야만 하니까. 이 차가운 환경에서 인간은 더 따뜻해진다. 게다가 흔히들 북극점 근처는 이럴 거라고 상상하는 바와 달리, 놀거리가 많다. 인구가 아주 적음에도 불구하고 콘서트와 공연이 자주 열리고(외부에서 공연자를 초빙하고, 정부 보조금으로 성사되는 경우가 많다), 주민들은 본토 사람들보다 격식에 매이지 않고 살아간다. 정부의 지원을 받는 사회 기반 시설은 세계 최고 수준이다. 더불어 감세 지역이라는 지위도 만끽하고 있다.

그렇다 해도 고립은 어쩔 수 없다. 스발바르의 주거지까지 연결된 도로가 하나도 없다. 주민들도 보트와 헬리콥터, 아니면 겨울에는 스노스쿠터로만 이동한다. 날씨가 허락하면 노르웨이 본토발 민항기가 하루에 한 번 내지 두 번 다녀간다. 나를 태우고 북쪽 롱위에아르뷔엔으로 날아간 비행기가 착륙을 시도했다가 포기하고 트롬쇠로 돌아간 적도 여러 번 있었다. 이런 경우 스발바르에서 남쪽으로 가려던 승객들도 자기 집이나 호텔로 돌아가 다음 비행기가 이륙할 때까지 하루 기다려야 한다. 악천후가 계속되면 겨울에 항구가 얼어붙어, 비행기로 공수해 쟁여둔 슈퍼마켓이나 레스토랑의 물자가 별 수 없이 바닥난다. 호텔에서 커피에 넣을 우유가 다 떨어지거나 신선한 과일을 보기 힘들어지는 일이 다반사다. 다들 그냥 적응하고 살아간다.

스발바르에서는 날씨가 거의 모든 것을 좌우한다. 그런데 이곳이 항상 그렇게 추웠던 것은

여러 문화권에서 약
초로 쓰이는 담자리
꽃은 스발바르 곳곳
에서 볼 수 있다.

롱위에아르뷔엔의 아
이들은 '스파크'라 불
리는 썰매를 타고 학
교에 다닌다.

아니다. 3억 5000만 년 전 스발바르는 적도에 자리 잡았고, 울창한 수목과 양치류는 물론이고, 지금도 스발바르에서 발견되는 흔적과 화석이 말해주듯 공룡도 살았더랬다. 이런 역사에 비추어보면, 여기 산들에 풍성한 석탄이 매장된 것도 별로 놀랍지 않다. 6000만 년 전 스발바르는 오슬로와 위도가 같았다. 그러다가 서서히 북극 가까이 이동한 것이다.

스발바르에서 지내다 보면 코가 떨어져 나갈 것처럼 추운 날도 있고, 옷을 두둑하게 챙겨 입지 않고 총도 소지하지 않은 채 거주지를 벗어나는 용감무쌍한 사람은 목숨이 위태로워지기도 하지만, 여러분이 상상하듯 매일매일 죽도록 추운 것은 아니다. 여름철 몇 달 동안은 평균 기온이 영상을 웃도는 곳이 많은데, 그래도 겨울에는 평균 기온이 섭씨 영하 18도 근처, 화씨로는 0도에서 영하 1도 사이에 머문다. 어느 정도는 '온기'가 스발바르제도의 서쪽 해안을 적시는 북대서양 기류에서 온다고 할 수 있다. 스발바르제도의 내지와 동부는 더 춥다.

겨울날 캄캄한 밤, 기온은 영하로 떨어지고 살을 에는 북풍을 막아줄 담 하나 없을 때는 자연이 모든 것을 압도한다. 이런 자각은 인근 도로와 휴대전화와 다른 사람들을 통해 문명과 안전에 연결돼 있는 일상에 익숙한 방문객들에게는 충격적이고 심원하게 다가올 수 있다. 스발바르를 찾는 방문객에게 롱위에아르뷔엔을 한 바퀴 도는 일 정도는 이국적이고 기억에 남는 경험이다. 그러나 마을을 벗어나면 완전히 새로운 정서적 경험을 하게 된다. 말할 수 없이 짜릿하지만 뼛속 깊이 불안이 덮쳐오는.

스발바르에 겨울과 얼음만 있는 것은 아니다. 여름철도 있다. '생장기'는 대개 100일을 넘지 않고 종종 그보다 짧지만, 계곡들이 조그맣고 예쁜—흰색, 분홍색, 파란색, 보라색의—야생화와 키 작은 풀로 드문드문 덮이기에는 충분한 시간이다. 스발바르의 보라색 바위취는 세계의 어느 꽃보다도 훨씬 북쪽에서 자란다. 기후 때문에 여기서 농사를 짓거나 꽃을 키우기는 불가능하다. 스발바르제도 어디에서도 작물과 관상식물, 관목, 나무를 볼 수 없다. 그러나 가축은 기를 수 있다. 바렌츠부르그의 광부들은 월급의 일부로 받는 상당량의 보드카에 돼지고기를 곁들여 먹기 위해 집에서 돼지를 몇 마리씩 사육하기도 한다.

스발바르에는 순록도 수만 마리 사는데, 대부분은 골짜기에 머물지만 주기적으로 롱위에아르뷔엔으로 들어와 키 작은 재래종 풀을 뜯어 먹는다. 현지인들 말로는 사냥철만 되면 순록에게 상대적으로 안전한 롱위에아르뷔엔에 유독 많이 나타난다. 식욕이 왕성한 순록은 강제 단식에 들어가는 겨울을 버티기 위해 여름 내내 끊임없이 먹어댄다. 땅이 녹고 풀이 다시 싹을 틔우기 전에,

체중이 절반 가까이 줄 정도로 몸이 야위기도 하기 때문이다.

환경에 훌륭히 적응해 털이 새하얀 북극여우는 먹이를 찾아 사방 천지를 들쑤시고 다닌다. 잘하면 롱위에아르뷔엔을 가로질러 뛰어다니는 여우의 모습을 볼 수 있다. 스발바르 종자저장고를 건설하던 때에도 ('살라미'라는 별명을 붙여준) 한 녀석이 매일 점심시간만 되면 나타나곤 했다.

새는 여름철 내내 많이 볼 수 있는데, 그중에는 색색별 바다쇠오리와 북방풀머갈매기(둥지를 트는 시기만 제외하고 평생을 물속 혹은 물 위에서 산다), 그리고 육지에 튼 제 둥지에 누가 조금이라도 가까이 오면 맹렬히 급강하해 공격해대는, 몸집이 중간 정도인 북극제비갈매기도 있다. 뇌조의 일종인 스발바르들꿩이 여기서 월동하는 유일한 조류 종이다. 가끔 레스토랑 메뉴에도 등장한다.

스발바르제도 앞바다에는 1952년부터 멸종 위기 보호종으로 지정된 바다코끼리와 여러 종의 바다표범, 그리고 벨루가와 범고래, 향유고래, 북극밍크고래, 참고래, 혹등고래, 북극고래가 산다.

각종 식물군, 동물군과 더불어 중요한 역사 유적지들도 스발바르에서 매우 취약한 상태라 환경유산과 문화유산 보호법이 매우 엄격히 적용된다. 그러나 주민들이 알아서 보호에 나서기 때문에 위반 사례는 드물다.

2008년 국제종자저장고가 설립되면서 마찬가지로 취약하고 예민한 전혀 다른 종류의 생물다양성이 이곳에서 보호받게 되었다. 스발바르 종자저장고는 이 독특하고 매력적인 섬에 둥지를 틀고 있지만, 이 시설이 보호하는 종자들을 낳은 땅과 다양한 문화에 깊이 뿌리내리고 있다.

스발바르제도 주변의
물은 여름에도 언다.

롱위에아르뷔엔의 극야. 제일 가까운 빙하에서 찍은 사진이다.

롱위에아르뷔엔 근처의 빙하 중 하나인 에스마르크브렌. 전면의 높이가 60미터에 이른다.

스발바르에는 바다코끼리가 2000마리가량 서식한다. 수컷은 몸무게가 1.5톤까지 나간다.

분리 빙하에서 떨어져 나온 5000살 먹은 얼음 조각.

무수히 많은 새들이 집으로 삼고 있는 절벽. 수천 년에 걸쳐 새똥으로 비옥해진 부분에 식물이 자란다.

롱위에아르비엔을 떠날 때 마주치는 차와, 왼쪽에 보이는 플라토베르게사에 종자저장고가 있다.

북극의 오로라.

2월에 다시 돌아온 햇빛이 롱위에아르뷔엔 외곽에 있는 석탄 운반 시스템의 유물을 비추고 있다.

한밤의 태양을 받은 종자저장고 아래 아드벤트협만의 얼음.

봄이 되면 북극곰들이 종종 빙하 근처의 결빙 뒤에 숨어 바다표범을 사냥한다.

2장 종자와 식량

인류 역사의 대부분의 기간 동안 인간은 수렵과 채집을 하며 살았다. 지구에서 잠시라도 머물렀던 사람들 가운데 아주 많은 이들이 그런 방식으로 생존했다. 농업은 비교적 최근에 등장한 활동이다. 약 1만 2000년 전, 스발바르제도와 노르웨이 본토가 눈과 얼음으로 뒤덮여 사람이 살기에 부적합했던 빙하기 직후에 인류는 수렵과 채집에서 농업으로 서서히 전환했다.

야생식물 종자와 재배식물 종자 간에는 중요한 차이점이 있다. 야생식물은 씨앗을 쉽게, 그리고 널리 퍼뜨리도록 유전자가 설계되어 있다. 생물학 용어로 표현하면, 야생식물의 씨앗은 '탈립'한다. 사냥하고 채집하던 우리의 조상은 땅에 떨어지지 않고 식물에 달려 있는 씨앗을 거둬들이는 편이 더 쉽고 수확률도 높다는 사실을 깨달았을 것이다. 그들은 씨앗과 식물의 관계를 이해했다. 탈립하지 않은 씨앗을 수확해 야영지에 보관하다가 나중에 심거나, 씨앗이 달려 있는 야생식물을 잘 자라게 도우면서 비탈립성 식물의 비율을 늘리고 수확량을 늘림으로써 인류는 본격적으로 농업의 궤도에 올라섰을 것이다. 보통 탈립성 종자와 비탈립성 종자는 유전자 한두 개로 결정 나는데, 우리 조상들은 신석기시대에 이 차이를 알아채고 열심히 농업에 활용했다. 야생종이 재배작물로 바뀌는 현상은 아직 야생종이던 때에 조금씩 자생하던 지역 근처에서, 그 작물에 이미 익숙한 사람들이 더 열심히 일구고 키우려 애쓰는 과정에서 주로 일어났다.

농작물은 몇몇 특정 지역에서 생겨났다. 아니 유래했다고 하는 편이 맞겠다. 쌀과 대두, 바나나, 오렌지는 중국을 비롯한 동아시아 지역에서 왔다. 밀과 보리, 렌틸은 서아시아 출신이다. 수수와 수박은 아프리카에서, 옥수수와 콩, 감자는 라틴아메리카에서 왔다. 주요 식용작물은 거의 대부분 오늘날 개발도상국으로 불리는 나라들에서 발생하여 그곳에서 가장 긴 시간을 보냈다. 가장 광범위한 작물다양성이, 가장 많은 종 변이가 있었고 지금도 계속해서 발견되는 지역들이다.

페루의 피삭 근처 안데스산맥의 감자 공원에서 팜파약타 공동체 주민들이 감자를 캐고 있다.

농업이 비교적 최근에 등장했다지만 1만 2000년은 그래도 긴 시간이다. 실질적인 의미에서, 작물과 인간 사회는 공진화했다. '농업agri-culture'이라는 단어 자체가 이 역사적 협력 관계를 상징한다. 농작물은 사람과 함께 이동하면서 새로운 환경과 기후, 재배 조건, 해충과 질병을 만났지만 그런 요인들에 자연스럽게, 성공적으로 적응해갔다. 예를 들면, 쌀은 현재 전 세계 115개국에서 재배된다. 어떤 종은 반건조성 기후에서 잘 자라는 반면 또 어떤 종은 물속에서 생을 보낸다. 서아시아의 토착 산물 중 하나인 밀은 현재 미국 50개 주를 비롯한 세계 각지에서 재배된다.

농작물은 또한 다양한 인류 문화의 일부이자 경제의 근간이 되었다. 사람들은 다양한 목적에서 서로 다른 종류의 작물을 선택하고 집중 재배했다. 옥수수의 경우 남아프리카에서 스웨덴까지, 멕시코에서 중국에 이르기까지 다양한 조건에 적응해 자라고 있다. 옥수수는 생식용, 분말용, 튀김용, 맥주 재료와 약재용으로 재배되고, 종교의식에 쓰이거나 음료수에 넣을 설탕으로 가공되는 종, 그리고 지금은 자동차 연료용까지 다양한 용도로 활용된다.

어떤 작물다양성은 '시각적'으로 표출된다. 감자는 흰색, 노란색, 붉은색, 검은색, 파란색, 보라색 등 여러 색깔의 품종이 생산되고 모양도 제각각이다. 안데스 지방 재래품종 중에는 '돼지똥'이라는 감자도 있다. 농부는 모양만 보고 품종을 척척 가려낸다. 그런데 이렇게 다양한 품종과 종류는 각기 다른 형질을 숨기고 있으며, 개중에는 겉으로 드러나지 않은 채로 남아 있는 것도 많다. 우리가 보기에 농업이 아무리 발전했다 해도, 농지와 유전자은행 컬렉션에 담긴 다양성이 아직 충분히 연구된 것은 아니기 때문이다. 어떤 종은 더위와 가뭄에 내성이 있거나 특정 질병 또는 해충에 저항력이 있을 수 있다. 하지만 해당 식물을 해충이나 질병에 노출시켜 반응을 확인하기 전에는 알 수 없고 단언할 수도 없다. 그런가 하면 영양 성분이 강화된 품종도 있다. 경우에 따라 맛도 다르다. 이름을 참 영리하게 지은 윈터바나나사과는 바나나의 빛깔과 향이 나고, 체낭고딸기사과 품종은 딸기의 향과 맛이 살짝 난다. 칼비유블랑디베사과는 높은 비타민 C 함량을 자랑한다.

이 모든 특징은 해당 식물 혹은 품종의 유전자 구성에서 나온다. 과학자들이 유전자 풀이나 작물다양성 보전 문제를 논할 때는, 사실은 작물이 표출할 수 있는 여러 형질을 전부 보전하는 문제를 이야기하는 것이다. 그렇게 하려면 해당 형질의 '유전 정보'를 지정하거나 형질을 발현시키는 유전자를 보전해야 한다. 그리고 이를 위해서는 해당 유전자를 보유한 종자(어떤 경우에는 덩이줄기나 다른 재배용 원재료)를 보전해야 한다.

오늘날 세계적으로 작물다양성이 얼마나 보전돼 있는지 가늠하기는 어렵다. 얼마나 존재했

에티오피아의 아디스
아바바 북쪽 세리티
라는 마을의 농장에
서 귀리를 추수하고
쌓는 모습.

중국 위난성에 있는
마을의 논에서 쌀을
추수한 모습. 들판에
서 탈곡한 뒤 자루에
담고, 볏단은 계단식
논에 널어 말린다.

는지 알 수 없기에 얼마나 소실되었는지 알아낼 방법도 없다. 2000년 전은커녕 200년 전에 존재했던 작물의 다양성에 대한 정보조차 우리는 알아내지 못할 것이다.

어려운 질문을 또 해보자. '다양성'이란 대체 무엇을 의미하는가? 어떻게 보면 굉장히 단순하다. 예를 들어 크림슨 스위트와 조지아 래틀스네이크는 각각 하나의 수박 품종이다. 두 품종은 유전자나 형질이 서로 다르게 결합된 것이다. 그런데 개발도상국에서 전통적인 방식으로 농사를 짓는 농경지에는 모든 작물이 본질적으로 동일하다는 의미의 '단일' 품종은 거의 없다. 실제로는 이것저것 섞여 있다. 한 밀밭에 병충해 저항성과 민감성이 서로 다른 여러 종류의 밀이 자라며, 제각기 다른 시기에 알곡을 맺는다. 그렇다면 이 집단, 이 식물 개체군은 단일 품종인가 여러 품종인가? 이 복잡성은 과학자가 '얼마나 많은 품종이 존재하느냐'라는 단순한 질문에 대답하기 어려운 이유를 설명해준다. 얼마나 많은 품종과 얼마나 많은 다양성이 소실되었는가 하는 질문도 마찬가지다. 품종과 다양성은 동의어가 아니다. 전체 종자다양성 가운데 몇 퍼센트 정도가 종자저장고에 보관되어 있을까? 이 질문에 답하기는 쉽지 않으며, 혼란만 일으킬 뿐이다.

품종과 다양성의 차이를 비유로 설명해보겠다. 내가 개의 다양성을 보전하는 임무를 맡았다

전부 같은 논에서 채취한 일곱 가지 품종의 밀 이삭. 농부 한 사람이 소유한 전통적 '품종' 표본 하나에 얼마나 많은 다양성이 담길 수 있는지 보여준다.

고 해보자. 개의 모든 개체를 보전할 수는 없으니, 전체 견종에서 최대한 많은 다양성을 확보하기 위해 표본을 보전하는 방법이 있다. 우리 집 뒷마당에 푸들이 잔뜩 있다고 해보자. 이것은 하나의 표본이다. 옆집 뒷마당에는 동물 보호소에서 데려온 잡종견이 잔뜩 있다. 또 다른 표본이다. 나와 이웃이 개 표본을 하나씩 가지고 있는 셈이다. 누가 더 많은 다양성을 확보하고 있을까? 당연히 옆집이다. 자명하게도, 모든 표본이 똑같은 양의 다양성을 확보하고 있지 않기 때문이다. 만약 두 표본이 세상의 모든 견종을 대표한다면, 푸들 표본이 전체 다양성의 50퍼센트를 차지한다고 말할 수 없을 것이다. 분명 푸들 표본보다 옆집 표본에 훨씬 많은 다양성이 있다. 작물다양성을 보전하는 문제에서도 표본을 모두 보전하는 게 바람직하지만 표본의 수보다 다양성에 초점을 맞추는 것이 중요하며, 나아가 근본적인 다양성을 최대한 많이 담는 것이 중요하다.

호기심이 강한 사람은 얼마나 많은 다양성이, 혹은 최소한 얼마나 많은 '품종' 또는 종류가 남아 있는지 추정치라도 알고 싶을 것이다. 내가 2005년부터 2012년 가을까지 대표를 지낸 세계작물다양성재단은 다양성의 보전과 가용성을 영구적으로 확보하기 위해 활동하는 국제기구이다. 이곳에서 작물 전문가들에게 다음 질문에 답해줄 것을 요청한 적이 있다. 얼마나 많은 품종의 쌀, 콩, 밀, 기타 작물이 존재하는가? 전문가들은 당연히 단언하기를 꺼렸는데, 대답을 종용받자 수많은 조항을 덧붙였다. 그래도 수치를 제시하기는 했다. 놀랍도록 높은 수치였다.

쌀 : 200,000종 이상	밀 : 200,000종	수수 : 47,000종
옥수수 : 30,000종	콩 : 30,000종	병아리콩 : 30,000종
진주조 : 20,000종	땅콩 : 15,000종	카사바 : 8,000종

지난 세월 동안 다양성이 상당 부분 사라졌음을 우리는 알고 있다. 일레인 치오소와 나는 1800년대에 미국에서 재배된 고유한 이름이 있는 품종과, 1980년대 초 유전자은행에 보관된 품종을 비교하는 연구를 진행했다. 우리는 기록이 남아 있어서 식별 가능한 특정 품종이 무수히 많이 소실됐음을 알게 되었다. 멸종된 것이다.

그런데 품종의 소실은 유전자 다양성의 소실과 동의어가 아니다. 물론 둘은 서로 연관돼 있지만 말이다. 멸종한 품종에 들어 있던 형질과 유전자가 잔존하는 품종에서 발견될 수도 있다. 유전자 자체는 멸종하지 않았을 수 있다는 얘기다. 어떤 품종을 바로 그 품종으로 정의해주던 고유한 유전자 조합만 소실되었을 뿐이다. 가능한 일이다. 단 품종의 소실을 실제 다양성 소실의 지표로 볼 수는 있다. 고유 형질들의 영구 소실 없이 작물 품종만 그렇게 많이 소실될 일은 거의 없다는 얘기다. 그리고 확실히, 유전자 조합 자체도 매우 중요하다. 유전자 조합의 소실은 가볍게 볼 일이 아니다. 일단 사라지면 똑같은 유전자 조합의 품종은 사실상 재현이 불가능하다. 이렇게나 알기 어렵고 복잡한 문제다.

　작물 품종 소실의 의미를 우리가 어찌 다 이해할 수 있을까? 1800년대 미국에서 기록으로 남겨진 배 품종 2600개 가운데 2300종이 사라졌다. 나는 우리가 잃어버린 것을 구체적으로 파악하기 위해 율리시스 프렌티스 헨드릭이 쓴 《뉴욕의 배The Pears of New York》를 살펴보았다. 1922년에 출판되어 지금까지도 높은 평가를 받는 이 분야의 고전이다. 책에는 과거 미국에서 재배되었으나 지금은 멸종된 품종인 안솔트Ansault 배를 묘사한 컬러 삽화가 실려 있다. 헨드릭이 속속들이 잘 아는 품종이었다. 그는 아예 이 종을 찬미하는 노래를 불렀다. "특히 과육이 훌륭하다. 다른 어떤 품종보다도 고소한 풍미가 좋다. 그리고 입안 가득 퍼지는 달콤함, 독특하면서 섬세한 향이 이 배를 최상의 품질로 만들어준다." 그런 안솔트가 어쩌다 멸종했는지는 아무도 모른다. 어쩌면 유전자 조합이 이상적이지 않았는지 모른다. 특정 질병에 취약했거나 운송이나 저장이 유독 까다로웠을 수도 있다. 그러나 안솔트가 보전할 가치가 있는 특질을, 우리 세대에까지 전해졌다면 오늘날 현대 품종으로 개량되었을 형질들을 가지고 있었던 것만은 분명하다.

ANSAULT

　농업 초강대국인 미국은 자국이 원산지인 작물이 많지 않고, 배도 미국 토종 작물이 아니다. 미국의 작물다양성은 농업 발생 중심지인 개발도상국들이 한때 가지고 있었던 작물다양성에 비하면 낮은 수준이다. 개발도상국들이 보유하고 있던 작물다양성은 엄청난 규모로 영구 소실되었다. 1960년대만 해도 개발도상국의 농부 대부분은 고도로 다양한 작물군을 경작하고 있었다. 이 작물군을 현대식 단일 품종들로 광범위하게 대체하면서 치명적인 '유전자 침식', 즉 고유한 작물다양성이 영구 소실되는 예기치 못한 현상이 나타나고

미국에서 소실된(멸종된 것으로 추정되는) 채소 품종			
작물	총 1903종	1903종 중 1983년 미국 컬렉션에 포함된 종	1903종 중 소실분 (퍼센트)
콩	578	32	94.5
근대	288	17	94.1
양배추	544	28	94.9
당근	287	21	92.7
사탕옥수수	307	12	96.1
양상추	497	36	92.8
양파	357	21	94.1
땅콩	31	2	93.5
호박	341	40	88.3
토마토	408	79	80.6
수박	223	20	91.0

말았다.

오스트레일리아의 식물생리학자 로이드 에번스가 《100억 인구 먹여 살리기Feeding the Ten Billion》에서 설명했듯이, 인류는 인구가 증가함에 따라 더 많은 식량을 생산하기 위해 다양한 전략을 펼쳐왔다. 20세기 후반까지만 해도 가장 쉽고 가장 효과적인 증산 전략은 숲을 베어내 경작지를 늘리는 것이었다. 하지만 이 전략에는 태생적인 한계가 있으며, 우리는 이미 한계에 이르렀다.

최근 몇십 년 사이 세계적으로 식량 생산량이 급증했는데, 주된 이유는 새로운 품종이 등장했고 비료와 물 공급의 효율을 높인 월등히 생산적인 경작 시스템이 가동되어 수확량이 늘어났기 때문이다. 급증한 생산량의 약 50퍼센트가 새로운 고수확 품종의 개발에 힘입은 것이다.

미래를 전망해보자. 에번스의 설명에 따르면 우리의 식량 생산 시스템이 식량 공급량을 늘릴 수 있는 길은 여섯 가지밖에 없다.

- 기존 경작지의 수확량 증대하기.
- 농지에 재배 중인 작물의 수 늘리기. 가령 더 짧은 기간에 재배할 수 있는 작물 선택하기.
- 수확 후 건조, 저장 및 유통 과정에서 발생하는 손실 줄이기.
- 저수확 작물을 고수확 작물로 대체하기.

- 경작 중인 농지 늘리기.
- 가축 사료로 이용되는 곡물 양 줄이기.

어떤 경우든 작물다양성은 식물 재배와 육종에 필수 요인으로 보인다. 따라서 미래의 식량 증산은 스발바르 종자저장고 설립처럼 다방면의 노력을 기울여 작물다양성 보전에 필요한 의지와 능력을 갖추고, 나아가 성공하는 것에 달려 있다.

1900년 이후 현대적 식물 육종법이 출현해 농부들은 재래종 작물을 과학적으로 육종한 새 품종으로 대체했다. 대부분 그럴 만한 합리적인 변화였다. 그러나 예상하지 못한 결과도 뒤따랐는데, 옥수수 전문가인 개리슨 윌크스 교수는 이를 두고 "지붕을 고친답시고 기초에서 돌을 빼 가는 꼴"이라고 지적했다. 현대적 품종들이, 자신들이 토대로 삼은 다양성을 대체해버렸기 때문이다.

새 품종은 어디서 갑자기 튀어나온 것이 아니다. 이전의, 심지어 고대의 품종 및 작물군에서 추려진 형질—유전자—들로 이루어진 것이다. 식물의 육종과 도태를 통해 걸러지면서 보전된 다양성이라는 원료로 만들어진 일종의 건축물인 것이다. 그렇기에 작물다양성이—옛날 농부가 재배하던 재래 품종이나 전통적 '개체군' 혹은 이것의 야생 동류라도— 수집되고 보전되어 있지 않다면, 그것이 보유한 형질은 소실됐다고 봐야 한다. 더불어 그런 작물이 보유하고 있었을지 모를 고유한 특질도 식물 육종가와 농부와 소비자 모두 영영 손에 넣을 수 없을 것이다. 그 형질은 향후에 생산될 품종의 구성 요소가 될 수 없다. 그것은 어쩌면 재난급의 흉작, 혹은 더 심각한 사태가 닥쳤을 때 해당 작물을 보호해줄 형질이었을지도 모른다. 따라서 밀이나 배뿐만 아니라 인간도 이로 인해 잃을 것이 많다.

심심해서 해보는 예측이나 공포를 조장하려는 언사가 아니다. 농업은 신석기시대 이래로 가장 엄중한 해결 과제들을 마주하고 있다. 인류 사회는 이번 세기 중반에 이르면 인구 증가와 발전에 발맞추기 위해 식량을 최소 50퍼센트는 증산해야 할 것이다. 그러려면 농부들이 더 작은 땅에서 더 적은 물(농업은 이미 전 세계 담수 공급량의 70퍼센트를 쓰고 있다), 줄어든 양분(식물 재배에 절대적으로 필요한 인 생산량은 이번 세기 후반에 정점을 찍을 것이며 그보다 훨씬 전에 가격이 몇 배로 뛸 것이다)을 가지고 더 많은 생산량을 뽑아내야 한다. 게다가 기후변화라는 요소도 있다.

보수적 예측이라 해도 실제로 들어맞는다면, 우리는 작물이 지금껏 단 한 번도 경험하지 못한 기후를 향해 다가가고 있는 셈이다. 지구온난화는 우리에게 쌀 재배 이전, 밀 재배 이전, 감자 재배

중국 산시성에서 곡식을 까부르는 모습.

86

이전, 농경시대 이전의 기후를 안겨줄 것이다. 말인즉 지금보다 높은 평균 기온, 더 심한 극서와 극한, 부쩍 오른 (야간) 최저 기온, 더 길어진 극서기를 맞을 것이다. 개화기처럼 식물이 취약한 시기의 무더위, 기온과 강우량의 더 극심한 변동 등이 닥칠 거라는 뜻이다. 정해진 한계점을 넘은 기온은 꽃가루의 생식력을 억제할 텐데, 이는 생산성에 도움이 안 된다. 특정 한계점을 넘은 기온, 예를 들어 벼가 꽃을 피울 시기에 섭씨 1도의 기온 변화는 생산력을 10퍼센트 저하시킨다. 이럴 때 다양성이 구제책이 될 수 있다. 현대의 품종은 대부분 기온이 가장 높은 한낮에 꽃을 피운다. 그런데 쌀 품종 가운데 일부 재래종의 경우 형질이 다르다. 저녁이나 새벽에 개화해 꽃가루를 제공함으로써 몇 도 정도의 기온 차는 극복할 여유를 주는 것이다.

기후변화에 따라 발아 양상이 변하고 강우 패턴과 어긋날 것이다. 개화 시기도 조금씩 변하고 어쩌면 꽃가루 매개자가 찾아오는 시기도 달라질 것이다. 병충해가 새로운 서식지로 이동해, 작물들이 새로운 종의 병충해 및 환경 조건의 조합과 씨름하게 될 것이다. 이러한 새로운 환경에서는, 캔자스 대학의 타운센드 피터슨 교수가 지적하듯, "색다른 반응들"이 뒤따를 것이다. 이는 우리의 식량 공급에 결코 바람직한 현상이 아니다.

기후변화는 농업 생산 시스템에 불확실성과 예측할 수 없는 변화, 높은 위험을 안겨줄 것이다. 과거에 생산량 급감을 예상치 못했을 때처럼 또다시 시장 혼란과 식량수출 금지 조치, 사회 불안이 나타나고, 이미 식량 안보가 불안정한 지역 사람들의 삶은 더 취약해질 것이다.

시스템의 붕괴는 이미 극명하며, 입증되었다. 기후변화는 지금 실시간으로 일어나고 있다. 그런데 농작물은 기후변화에 전적응(생물이 지금과 다른 환경에 처하거나 생활양식을 바꿀 필요가 있을 때 이미 이에 적합한 형질을 갖추고 있어 적응과 같은 효과를 나타내는 현상—옮긴이)된 상태로 자라지 않는다. 생산지를 기온이 더 서늘한 지역으로 옮기는 방식은 기후변화와 관련된 공책 몇 권 분량의 문제를 해결해주지 못할 것이다. 오늘 이탈리아 남부에서 잘 자라는 작물 품종을 독일로 옮길 경우 새 광주기光週期와 계절성, 강우 패턴과 시기, 토양, 병충해를 맞닥뜨리고도 잘 자란다는 보장이 없다.

국제사회는 기후변화를 완화하는 데 필요한 행동에 나서는 것을 자꾸만 미루고 있다. 섭씨 2도 혹은 이 이상의 기온 변화는 이미 지구 환경과 우리의 미래에 기정사실이 되었다. 이 현상을 기후변화라 부를 수도 있고 아니면 자연적인 기온 변동, 혹은 그냥 나쁜 날씨로 치부할 수도 있다. 뭐라고 부르건 이러한 변화를 최전방에서 겪어내는 것은 우리의 농작물이다. 변화를 피해 갈 수도 없다. 작물의 진화, 환경에 대한 적응은 우리에게, 그리고 작물다양성에 달려 있다. 식물 육종가들

과 농부들이 급속히 사라져가는 과거 기후에 알맞게 육종된 기존 품종 대신 새로운 기후에 알맞은 새 품종을 만들기 위해 가져다 쓸 수 있는, 유전자은행 수집 표본에 들어 있는 내열성 형질을 띤 종자 비축분에 달려 있는 것이다. 이러한 맥락에서, 스발바르 종자저장고를 통해 다양성을 지속적으로 보전하는 일은 작물과 식량 안보 그리고 이 세기와 다음 세기에 지구에서 살아갈 인류 모두에게 필수적인 과업이 되었다.

수집과 보전

스발바르 종자저장고가 처음으로 종자를 수집한 기관은 아니다. 이곳은 사실 종자를 농지에서 직접 채집하는 작업에는 관여한 적이 없다.

식물 육종을 위한 소규모의 조직적 종자 채집은 1910년대 후반에서 1920년대 초반, 멘델의 유전법칙이 재발견돼 과학에 기반을 둔 식물 육종의 시대가 열리고 얼마 후 시작되었다.

소비에트연맹의 니콜라이 바빌로프는 식물 육종가들에게 다양한 형질을 제공하고 작물 품종을 개량하기 위해 최초로 제대로 된 세계적 규모의 작물다양성 표본을 수집한 인물이다. 1940년대에 유전학자로 활동했는데 스탈린과 의견이 충돌해 투옥당했고, 결국 감옥 안에서 굶어죽었다. 오늘날 상트페테르부르크에 있는 바빌로프 연구소에서 옛 동료들은 그가 시작한 프로젝트를 계속 추진해나갔다. 2차대전 당시 900일간 나치 독일군에게 점령당했을 때 이곳의 연구원 열댓 명은 굶주림이나 그와 관련된 병으로 죽어갔다. 자신들이 관리하는 씨앗을 먹느니 차라리 죽음을 택한 것이다.

오토 프랑켈이나 잭 할란, J. G. 호크스, T. T. 장, 에르나 베넷, 카를로스 오초아, 트레버 윌리엄스 같은 농업과학자들이 경종을 울리기 시작한 것은 1970년대 들어서였다. 세계를 휩쓸던 현대식 개량 종자, 소위 녹색혁명(특히 1960년대에 저개발국을 중심으로 일어난 비약적인 식량 증산 혹은 이를 위한 농업 개혁—옮긴이) 때 등장한 품종들이 재래 품종들을 대거 대체하면서 멸종으로 몰아가고 있음을 알아챈 것이다. 이후 식물유전자원을 위한 국제위원회가 로마에서 발족됐다. 이 기구는 종자 수집팀을 조직해 주요 식량 작물 다양성의 중심지들로 파견하고, 국가별로 유전자은행을 설립해 수집된 종자를 보전하도록 지원했다.

작은 봉투에 든 수천 개의 씨앗, 각 유전자은행—주로 종자를 보관한다고 해서 흔히 종자은

6000여 종에 이르는 에얼룸 토마토 품종 가운데 몇 가지를 '씨앗을 나누는 사람들' 회원들이 보전하고 홍보하고 있다.

행이라고 부른다—에 보존된 다양성이 이제는 전 세계 대부분의 식량 생산의 토대가 되고 있다. 앞으로도 전 세계의 식량은 여기에 의존할 것이다. 유전자은행은 보관할 종자를 얼린다. 이렇게 하면 생물학적 과정을 늦추고 종자의 수명을 연장함으로써 종자와 여기 담긴 유전적 다양성을, 식물 육종에 필요해질 때까지 보존할 수 있다. 이 다양성이 없으면 농업 생산성은 향상은커녕 유지하기조차 어려워질 것이다. 오늘날 70억 인구를 혹은 금세기 중반에 90억 인구를 먹여 살리는 것은 이제 우리 손을 떠난 문제가 되었다. 한때 얼마나 많은 다양성이 존재했고 이제 얼마나 많은 다양성이 소실되었건, 남은 다양성만으로 상상할 수 있는 먼 미래까지 농업을 유지해야 한다.

오늘날 작물다양성 '컬렉션'은 1700개에 이른다. 표본 한 개짜리에서 50만 개짜리에 이르기까지 규모는 제각각이다. 전 세계 유전자은행들이 도합 700만 개의 표본을 보유하고 있는데 그중 최대 150만 개가 '멸종'됐다고 알려진 품종이다. 유전자은행에 저장된 표본 중 절반가량이 개발도상국에 있으며, 전체 표본의 절반이 곡물 표본이다.

나는 1990년대 초반 유엔 식량농업기구FAO에 발탁되어, 유엔이 최초로 실시하는 '세계 작물 다양성 현황을 종합 파악'하는 프로젝트를 총괄한 적이 있다. 작물의 다양성을 보전하고 활용하기 위한 국제적 방안의 초안을 잡고 국가 간 협상을 조율하는 임무를 맡았다.

내가 이끄는 소규모 팀이 조사한 결과는 충격적이었다. 연간 예산이 2000달러에 불과한 유전자은행. 직원들이 냉각장치가 고장 난 1번, 2번 저장실에서 부품을 떼다가 마지막 3번 저장실을 가동하고 있는 유전자은행. 보안 목적으로 종자 냉동고에 자물쇠를 채웠는데 열쇠는 분실된 유전자은행 따위가 하나둘이 아니었다. FAO가 자랑스럽게 홍보한 유전자은행들의 "세계적 수준의 시스템"은 차마 시스템이라 부를 수도 없는 것들이었다. 우리가 제출한 보고서는, 유엔 보고서에 극히 드물게 사용되는 아주 단도직입적인 용어로, 이 시설들 거의 대부분이 "유전자은행의 기본적인 역할을 수행하기 불가능"하며, "급격히 쇠락하고 있다"고 결론 내렸다. 멸종은 농경지뿐만 아니라 다양성 소실을 막기 위해 만들어진 시설들에서도 진행되고 있었다. 수많은 유전자은행이 은행이 아니라 호스피스에 가까웠다. 몇몇 곳은 영안실이었다.

물론 효과적으로 운영되는 몇몇 시설은 농작물 유산의 충실한 보호자 역할을 듬직하게 수행하고 있었다. 주요 유전자은행 중 국제농업연구협의그룹CGIAR에 속한 열한 개의 국제연구센터라든가 호주, 미국, 캐나다, 독일, 네덜란드, 스웨덴, 일본 등에 있는 국립 시설처럼, 이상적 수준에 못미치는 예산을 가지고도 최고 수준으로 운영되는 곳들이 있긴 했다. 당연히 전 세계 작물 육종가와 연구자 들은 필요한 유전자 자원, 곧 형질을 구하기 위해 이런 기관에 손을 내민다. 개발도상국에 있는 유전자은행 몇 군데도 충분히 경쟁력 있는 종자 보호 서비스를 제공하고 있었다. 중국과 인도, 브라질, 에티오피아의 시설이 개중에 수준이 현저히 높았다.

그러나 손꼽힐 정도로 수준 높은 유전자은행인데도 오로지 이름 모를 직원들의 영웅적 헌신에 의존해 명맥을 이어가는 경우가 꽤 많았다. 우리 세상은 얼마나 더 오래 운에 의존할 작정인 걸까? 이런 식으로 작물다양성이 얼마나 더 보전될 수 있을까? 이것이 제1안이라면, 제2안은 무엇인가? 우리에겐 제2안이, 그것도 당장 필요했다.

게다가 대다수의 컬렉션에서, 종자의 수명이 최고 수준의 유전자은행에 보관된 종자보다 형편없이 떨어졌다. 시간이 흘러도 활력을 유지하기 위해 종자를 차고 건조하게 장기간 보관하는 것이 국제 표준인데, 대부분의 유전자은행은 이를 철저히 따르지 않는다. 적정 온도와 습도를 일관되게 유지하지도 못하는 형편이다. 종자의 활력이 떨어지면 품질이 저하된 작물을 대체할 신선한 종자를 신속히 제공할 수 없다. 이는 고유 종자뿐 아니라 한 표본 안에 들어 있는 희귀하거나 고유한 형질이 소실됨을 의미한다. 종자 수출입과 재식栽植 재료에 요구되는 식물 위생 기준을 충족시키지도 못한다. 경영 상태도 열악한 경우가 많아서 직원들이 박봉에 시달린다.

고작 몇 년 치 예산이나마 확보한 유전자은행은 몇 군데 없으며, 적정 수준을 맞추거나 고정된 예산을 확보한 기관은 아예 없다. 미국 정부도 최근에 콜로라도주 포트콜린스에 있는 국립유전자은행의 예산을 삭감하고 진행 중인 상당히 중요한 연구 프로젝트를 취소시켰다. 이라크나 그리스, 짐바브웨의 시설은 어떨지 상상해보라.

경제 개발과 안보, 손익계산에 예민하며 상호 의존적인 세상에서 작물다양성 보호가 나라 안팎에서 홀대받는 현실이 아이러니하다. 제대로 된 다양성 보전 시설에 들어가는 비용은 이후 끊임없이 흘러 들어올 혜택에 비하면 손톱만큼에 불과하며 대규모 흉작에 따를 지구적 비용과 비교해도 새발의 피다.

《미국 농업경제 저널》에 발표된 한 연구 결과를 보자. 수십 종류에 달하는 대두 해충 가운데 단 한 종류에 대한 저항성 종자를 찾아내기 위해 미국 대두 컬렉션에 표본 한 개를 더하는 작업의 비용 대비 가치가 36~61배라고 한다. 보수적으로 잡은 수치가 이 정도다. 이 표본으로 경제적 가치가 있는 형질 수백 가지를 확인, 검사할 수 있으며 해당 표본 자체를 전 세계 연구자들에게 테스트를 비롯한 여러 용도로 제공할 수도 있기 때문이다. 비슷한 경우로 국제미작연구소IRRI가 운영하

에티오피아 고원지대의 콤볼차 근처에서 타이티스 모하메드가 테프 발효 빵 인제라를 만들고 있다. 벽에 난 틈도 테프 짚으로 메웠다. 테프는 아프리카에서 널리 섭취하는 볏과의 곡물로 크기가 아주 작다. 스발바르 종자저장고에는 60가지가 넘는 전통 테프 품종이 보관되어 있다.

는 유전자은행에 새 표본 1000개를 추가하면, 연구소가 진행하는 쌀 증산 프로그램에 활용함으로써 빈농에게 연간 3억 2500만 달러의 꾸준한 편익을 안겨줄 수 있다는 연구가 나왔다. 그런데도 국제미작연구소는 10만여 개의 표본 컬렉션 관리에 드는 연간 예산 150만 달러를 확보하느라 마음 졸이는 형편이다.

소실과 위험

모든 도서관은 간간이 책을 분실하며, 모든 유전자은행은 아무리 최고 수준으로 관리해도 표본을 일부 잃는다. 어떻게 보면 불가피한 일이다.

한 표본에 들어 있는 종자들이 항상 똑같지는 않다. 가장 먼저 죽는 종자는 나머지 종자들과 유전자 구성이 다를 수 있다. 발아력 상실은 첫 씨앗이 썩기 시작하면서 사라질 형질들과 유전적 연관성이 있을 수 있다. 사라진 형질들은 소실되지 말았어야 할 유용한 형질이었을 것이다. 비교적 주변부에 위치한 시설들에서는 이런 소실이 소리 없이, 상당한 규모로 일어나기도 한다. 저장실 온도를 적정하게(섭씨 영하 18도가 이상적이다) 유지하지 못하는 등 환경 조건이 열악하면 종자는 점점 상태가 악화되어 결국 발아력을 잃는다. 수많은 국립 유전자은행이 자기네가 보관 중인 표본의 절반 혹은 그 이상이 기준 이하의 발아력을 보인다고 보고했는데, 이는 해당 표본의 다양성이 소실되고 있다는 뜻이다.

유전자은행에서 다양성 소실을 초래하는 가장 큰 원인은 각 시설의 운영 방식과 인프라 그리고 재정 문제와 관련이 있다. 이런 문제들이 대재앙이나 종말을 야기하는 것은 아니다. 신문 헤드라인에 오를 일도 아니다. 하지만 치명적인 것은 사실이다. 멸종이 매일 일어나고 있다고 보면 된다. 대표적인 예로, 표본 8만 개를 보유한 이탈리아 바리의 유전자은행은 2004년 7월 냉각장치가 고장 나면서 영하 20도이던 내부 온도가 영상 22도까지 치솟았다. 수리하는 데 몇 달이 걸렸다. 내가 마다가스카르 유전자은행에 방문했을 때는, 내부가 당연히 영하일 거라 생각하고 옷을 두껍게 입었다가 실제로는 몸이 익을 정도로 후끈하다는 것을 깨닫고 얼른 외투를 벗은 적도 있다. 열대지방에서 냉각장치가 고장 나면 사람이 드나드는 크기의 냉동고는 대형 오븐이 된다.

정치 불안과 재난도 유전자은행에 위협이 된다. 부룬디의 종자 컬렉션은 1990년대 초의 전쟁과 제노사이드로 초토화되었다. 아프가니스탄과 이라크의 유전자은행도 전쟁으로 인한 사회 혼란과 약탈에 심각하게 훼손되었다. 1990년대 후반에 이어진 정세 불안으로 알바니아의 포도 종자 컬렉션이 피해를 입었다. 솔로몬제도에서는 반란군이 필드 컬렉션field collection(종자 형태로 보존하기 어려운 식물유전자원을 흙에 심긴 채로 보존하는 것으로 필드 유전자은행field gene bank이라고도 한다—옮긴이) 하나를 통째로 부숴버렸다. 필리핀 국립유전자은행은 2006년 태풍으로 건물 내부에 물과 진흙이 1미터 높이로 들어찼고, 2012년에는 다시 화재로 컬렉션 일부가 파괴되었다. 내 컴퓨터에 '유전자은행에 얽힌 오싹한 이야기'라는 제목을 붙여 저장한 파일에는 부자 나라 가난한 나라를 막론하고 스무 개가 넘는 국가에서 발생한 이와 비슷한 사건들이 기록되어 있지만, 이는 전수조사에는 턱없이 못 미친다.

표본이나 컬렉션 전체가 소실되면 유전자은행은 이를 재건하려 한다. 중복표본이 어디에 보관되어 있는지 알 경우 해당 유전자은행에 연락해 약간의 종자를 보내달라고 요청한다. 그러나 기록이 부실하거나 안전용 중복표본이라는 사전 대비책을 마련해두지 않았을 경우 표본의 소실은 돌이킬 수 없다. 그동안 보관된 종자 표본은 여기저기서 계획 없이 방출되었다.

많은 경우 국립유전자은행이 보유한 종자는 자국의 역사에 뿌리를 두고 있으며 그곳의 환경 조건에 적응한 것들이다. 그러한 다양성의 소실은 특히나 안타까운데, 해당 표본은 향후 자국의 환경 조건과 조리법에 맞춘 작물을 개발할 때 꼭 필요하기 때문이다.

어떤 유전자은행도, 어떤 건축물도 완벽하게 종자의 안전을 보장할 수는 없다. 세계 최고의 관리 수준을 자랑하는 유전자은행도 일어날 수 있는 모든 문제에 완벽히 대비할 수는 없다. 유전자은행은 보통 정치적, 종교적 집단들이 종자 보호에 딱히 반대하지 않는다는 점에서 운이 좋은 편이다. 그러나 언제라도 고래 싸움에 새우 등이 터지는 사태에 내몰릴 수 있다. 게다가 최고 수준의 유전자은행 중 다수가 전쟁이나 내분을 현재 겪고 있거나 최근에 겪은 나라에 있다.

최대 규모, 최고 수준의 주요 작물 컬렉션을 보유한 국제농업연구협의그룹CGIAR 소속 유전자은행들은 페루, 콜롬비아, 멕시코, 에티오피아, 케냐, 나이지리아, 시리아, 레바논, 모로코, 인도, 벨기에, 필리핀에 있다. 이 컬렉션들은 국제조약을 따르는 CGIAR를 '믿고' 맡긴 것이며, 누구나 이용 가능하다. 이 유전자은행들은 세계 최고 수준인데, 다른 유전자은행과 마찬가지로 얼마든지 해를 입을 수 있는 곳에 있다. 몇몇은 더 심각한 위험 지역에 있고 말이다.

규모가 얼마나 크건 간에 어떤 유전자은행도 특정 작물에 담긴 모든 다양성을 보유하고 있지는 않다. 어떤 작물이든 마찬가지다. 심지어 대규모 유전자은행도 한 가지 작물의 전 세계 종자 보유분의 (혹은 전체 표본의) 극히 일부만 보유하고 있을 뿐이다. 이는 각국이 서로 돕고 의존해야 한다는 의미다. 어떤 나라도 미래에 생산적인 농업 시스템을 확보하는 데 필요한 작물다양성 요건을 전부 확보하고 있지 않다.

밀 생산 대국인 캐나다와 오스트레일리아는 유전자은행에 전 세계 밀 표본의 각각 2퍼센트와 3퍼센트만을 위탁하고 있다. 미국도 5퍼센트밖에 되지 않는다. 인도가 2퍼센트를, 중국과 에티오피아는 각각 1퍼센트씩 위탁하고 있다. 오스트레일리아의 밀 육종업자 가운데 누가 종자 보유분 중 3퍼센트만 사용할 수 있어도 괜찮다고 하겠는가? 에티오피아가 전 세계 유전자은행의 밀 표본 가운데 99퍼센트에 접근하지 못해도 괜찮을 거라고 누가 감히 단언할 수 있는가?

다른 작물들의 위탁분도 밀과 비슷하며, 이는 한 국가의 유전자은행이 보유한 컬렉션에 일어나는 일이 전 지구적으로 영향을 미친다는 단순한 생물학적, 지정학적 사실을 반영한다. 작물에 관해서라면 어떤 국가도 독불장군이 될 수 없다.

한 작물의 다양성을 보전하려면, 총합이 적어도 유전자은행들에 보관된 해당 작물 표본에 담긴 다양성의 최대치와 맞먹는 분량의 종자 컬렉션을 보전해야 한다. 1700곳의 유전자은행 시설에 있는 모든 종자 표본을 영구히 보전하는 게 가능한 일일까? 그러기 위해 1700개 시설, 1700개의 냉각장치, 1700곳의 전력 공급 장치, 1700개의 지붕을 '보전'해야 한다면, 불가능하다고 답하겠다. 1700곳에서 근무할 유능한 관리자와 직원들이 필요하다면 그럴 수 없다고 말이다. 이런 식이라면 소실 위험을 몇 배 가중시키는 비체계적인 시스템이 되고 만다. 스발바르 종자저장고에 안전용 '중복표본'을 보관하는 게 결정적으로 중요한 이유가 여기에 있다.

작물다양성의 중요성과 활용

"다채로움은 인생의 양념"이라고 시인 윌리엄 쿠퍼는 말했다. 경제학자라면 다양함은 '존재가치'가 있다고 말할 것이다. 사람들이 좋아하고 그래서 존재하길 원하는 것 말이다.

소비자들은 작물에 다양성이 있기를 바란다. 토마토 품종 중에 생으로 먹어서 맛있는 종류가 있고 소스로 만들어 먹으면 더 맛있는 종류도 있기를 바란다. 시큼한 사과도 원하고 달콤한 사과도 원한다. 식품 제조업자들이 빵도 만들고 파스타도 만들려면 각기 다른 종류의 밀이 필요하다. 농부는 그런 시장의 요구에 부응하기 위해 다양성을 원한다. 또 지역마다 농경 및 환경 조건이 서로 다르기에 이에 걸맞은 품종을 재배함으로써 다양성을 갖추고 싶어 한다. 그리고 식물 육종가들은 이런 다양한 고객들의 요구에 응한다.

농가에서 파종하는 작물 품종은 꾸준히 바뀐다. 예를 들어 오늘 슈퍼마켓에서 파는 빵은 20년 전에 생산되던 품종과는 다른 종의 밀로 만들어졌다. 식물 육종가와 농부 들이 자기들이 재배

자신의 풀완두 밭에 서 있는 에티오피아 농부. 스발바르 종자 저장고는 1000종 이상의 풀완두 표본을 보관함으로써 이 영양가 많고 가뭄 내성이 강한 아름다운 작물의 미래를 보장하고 있다.

하는 품종의 질병 저항성을 '갱신'해야 했기 때문이다. 빵의 생김새가 옛날과 똑같고 맛도 똑같다 해도 기본 재료로 들어간 품종은 필요에 의해 변한다.

성경에도 역병과 기근을 몰고 온 원인으로 등장하는 밀 줄기녹병이 새로운 변종을 일으켰고 이 균의 포자가 이제는 바람을 타고 아프리카와 동아시아 지역을 휩쓰는 바람에, 육종가들은 질병의 확산에 한발 앞서 새 품종에 형질로 결합시킬 자연적 저항성을 찾아내기 위해 유전자은행 컬렉션을 뒤지고 있다. 어떤 이들은 이를 루이스 캐럴의 《거울나라의 앨리스》에 나오는 붉은 여왕의 전략에 비유한다. 점점 더 빨리 달려야만 간신히 현상 유지라도 할 수 있다는 말이다. 아닌 게 아니라 식물 육종가와 농부 들이 저항성 품종 개발이라는 전장에서 병충해와 벌이는 전투는 영원히 승리할 수 없는 싸움이다. 어떤 작물에서도, 최소한 장기적으로는, 단 하나의 '최고' 품종이 존재할 수 없다. 아예 불가능하다.

200종이 넘는 해충과 병원균이 토마토 생산량을 상당량 감소시키고 있는데, 그것도 모자라 매년 가장 흔히 재배되는 '최고' 품종만 노린다. 빅보이토마토라는 유명하고 성공적이었던 최초의 교배종 토마토의 뒤를 이어 베터보이토마토가 등장했다. 베터걸토마토는 얼리걸토마토의 뒤를 밟았다. 오늘의 승자는 내일 웬 곤충의 점심거리가 될 수 있다. 농부들에게 살충제라는 대응 수단이 있지만, 식물 육종은 더 환경친화적이고 더 나은 해법을 제공한다. 그렇다 해도 엄청난 수의 품종이 결국에는 굴복하여 기존 품종들의 유전자와 특질이 결합된, 더 생산성 높고 더 내성이 강한 새 품종들로 대체된다. 작물의 품종 개량은 인간의 손길로 이룬 진화다. 이 진화의 성공 여부는 식물 육종가들과 농부들 그리고 그들이 사용하는 '원재료'—즉 유전자은행에서 가져다 쓸 수 있으며 스발바르에서 보호하고 있는 작물의 다양성—에 달렸다.

어떤 작물은, 예를 들어 옥수수의 경우 공공과 민간 분야에서 과학자 수백 명이 새 품종을 만들어내기 위해 연구에 매진하고 있다. 반면 어떤 작물은 육종가 수가 놀랍도록 적다. 바나나는 4억 인구의 주식이고 생산 가치로 따지면 개발도상국에서 네 번째로 중요한 작물인데도 바나나 육종업에 종사하는 이는 여섯 명 정도다. 연간 거의 1억 톤이 생산되는데 말이다. 그리고 얌(고구마와 비슷하게 생긴 참마속의 열대 뿌리채소—옮긴이)은 북미의 모든 화물열차를 가득 채울 정도로 연간 4000만 톤이 생산되는데도 단 여섯 명의 과학자가 육종을 도맡고 있다.

식물 육종가들은 유전자은행의 일차 사용자다. 거의 매년 대략 25만 개의 표본을 얻어 테스트하고 자기네 육종 프로그램에 사용한다. 또 저명한 과학 저널에 발표되는 기초생물학 연구 중

미국의 종자 보존 단체 '씨앗을 나누는 사람들'이 연 토마토 시식회.

압도적인 비율이 이들 유전자은행이 보유한 다양성을 기반으로 진행된 연구의 결과물이다.

어째서 유전자은행들이 대규모 컬렉션을 보유해야 하느냐고 묻는 이들이 있다. 왜 '최고' 품종만 선별해서 수집하지 않는가? 물론 미술품 수집가는 이런 질문을 일상적으로 받지 않는다. 아무도 루브르 박물관 관장에게 왜 그렇게 그림을 많이 가지고 있느냐고 묻지 않는다. 피카소와 렘브란트의 대표작 샘플만, 아니면 피카소 그림 중 제일 좋은 것만 걸어놓으면 안 되느냐고 묻지도 않는다.

최대한 많은 작물다양성을 보전하는 것이 필수적인 이유는 단순하다. 우리가 미래를 예측할 수 없기 때문이다. 끊임없이 변하는 환경 조건에 우리 작물 품종들이 적응할 수 있게 해주는 것이 바로 다양성이다.

현대 작물 품종들의 족보는 어떤 왕가의 족보보다 길다. 1960년대에 멕시코에서 개발된 소날리카 밀 족보의 극히 일부만 들여다보자. 전체 족보에는 무려 419종의 조상이 등장한다. 그런데 이 소날리카의 족보도, 종이에 소문자로 쓴 가계도가 6미터에 이르며 내부에서 모체 이종교배가 여덟 번이나 일어난 1980년대의 역사적 품종 비어리 밀에 비하면 단순한 편이다. 가계도에 조상 3506종이 등장하는 인도 품종 WH-542에 비하면 훨씬 더 단순하고 말이다.

식물 육종가들은 그저 재미로 한 종류를 다른 종류와 교배하고 또 이들 종의 자손을 다른 종류와 교배해가면서 그토록 복잡한 육종 프로그램을 만드는 게 아니다. 최종 결과물에서 그들이 바라는 유전자 및 형질의 특정 조합을 도출하려는 것이다. 이를 위해, 유전자은행에 보관된 종자라는 엄청난 규모의 형질 저장소에 의지한다. 대규모 작물다양성 컬렉션은 육종가와 연구자, 농부 그리고 소비자에게도 더 많은 선택권을 제공한다. 이들 선택지 중 몇 가지는 그저 바람직한 수준 정도이겠지만, 어떤 선택지는 결정적인 것이었음이 드러났다. 특정 병해에 속수무책이던 몇몇 작물의 경우, 그들의 식물학적 야생종 친척들에게서 채취해 육종 프로그램에 사용한 유전자의 도움을 받지 못했다면 상품성과 생산성을 높이지 못했을 것이다. 토마토와 담뱃잎, 사탕수수가 이에 해당하며 양상추와 쌀, 해바라기도 못지않게 육종 프로그램의 덕을 봤다.

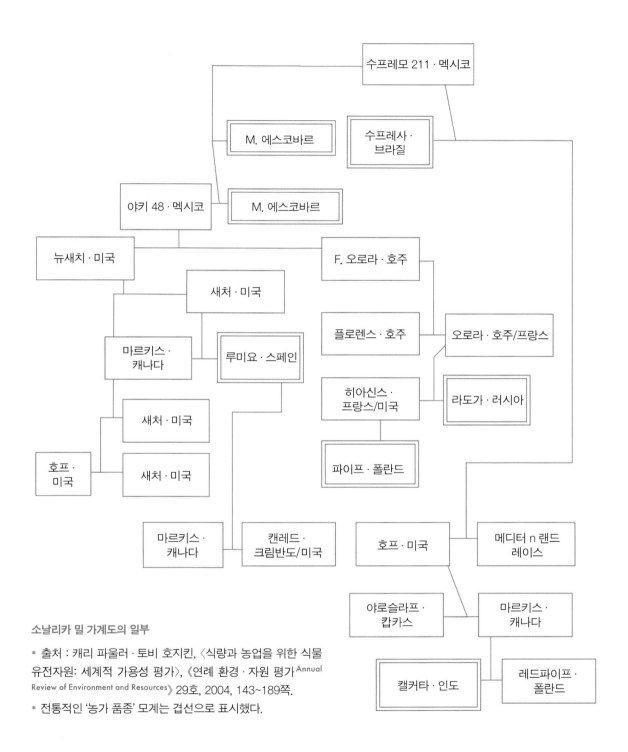

소날리카 밀 가계도의 일부

* 출처 : 캐리 파울러 · 토비 호지킨, 〈식량과 농업을 위한 식물 유전자원: 세계적 가용성 평가〉, 《연례 환경 · 자원 평가 Annual Review of Environment and Resources》 29호, 2004, 143~189쪽.

* 전통적인 '농가 품종' 모계는 겹선으로 표시했다.

3장 스발바르 국제종자저장고

금세기 초, 세계 열 개 나라에 흩어져 있는 국제농업연구협의그룹CGIAR 소속 대규모 국제유전자은행들이 세계은행이 제공한 거액의 지원금에 힘입어 시설을 대거 보강하는 작업에 착수했다. 미국 유전자은행에서 파견한 헨리 샌즈 박사가 CGIAR의 '범조직 유전자원 프로그램' 팀장 제인 톨과 함께 프로젝트를 이끌었다. 결과는 보람찼다. 각국의 시설은 월등히 개선되었다. 종자는 이보다 더 안전할 수 없을 것처럼 보였다. 정말 그럴까?

이 분야에 종사하는 이들은 하나같이 유전자은행에 일어난 사건과 사고, 참사와 관련된 일화를 머릿속에 저장하고 산다. 멸종은 돌이킬 수 없다. 두 번째 기회란 없다. 단 하나의 표본만 소실돼도 고유 품종이 멸종될 수 있다. 어디에서도 되찾을 수 없다.

9.11 참사 이후 많은 이들이 '안전'이 뭔지 다시 생각하게 되었다. 미국에서 허리케인 카트리나가 휩쓸고 간 뒤에는 수많은 전문가와 권위자 들이 너나없이 엄중하게 질문을 던졌다. 그렇게 큰 허리케인이 곧 뉴올리언스를 강타할 거란 사실을 알고 있었다면, 그리고 제방이 수압을 견디지 못할 거란 사실을 알고 있었다면, 왜 아무런 조치도 취하지 않았는가?

2003년의 어느 날 헨리 샌즈와 나도 비슷한 질문을 던져보았다. 헨리는 CGIAR 유전자은행들이 위험에 취약한 장소에 흩어져 있음을 지적했다. 모든 표본에 안전 중복표본이 마련돼 있지도 않았고, 안전이 보장된 장소에 보관돼 있지도 않았다. 이것이 진정 우리의 최선인가?

우리는 언제든 주요 유전자은행이 폐쇄될 수 있고 그래서 농업의 미래가 막대한 피해를 입으리란 사실을 알고 있었다. '그들은 어째서 아무런 조치도 취하지 않았습니까?' 누군가 이렇게 묻는다면, 여기서 '그들'은 우리, 즉 헨리와 나 같은 사람이 될 터였다. 그럼 우리는 이에 대해 어떤 행동을 취할 것인가?

북유럽 유전자은행(노르젠NordGen, 즉 북유럽 유전자원센터의 전신)은 스웨덴에 본부를 둔 자사 종자 컬렉션의 중복표본 1만 점을 이미 스발바르의 버려진 광구에 보관하고 있었다. 헨리는 이 시설을 확장해서 더 많은 중복표본을 저장할 수는 없을까, 생각했다. 우리는 이 아이디어와 희박한 실현 가능성을 놓고 한참 고민했다.

당시 나는 노르웨이 생명과학대학(옛 노르웨이 농업대학)의 환경·개발학과 교수였던지라, 오슬로의 공무원들 그리고 북유럽 유전자은행과 함께 이 문제를 비공식적으로 탐색해볼 수 있었다. 두 기관 다 우리 아이디어를 실행에 옮길 의향이 있음을 내비쳤다. 물론 공식 절차를 밟아야 했다. 나는 대학에서 학생들을 가르치고 CGIAR에서 연구도 하느라 시간을 쪼개 쓰고 있었다. 그런 와중에 유엔 식량농업기구FAO에서 열린 식물유전자원 조약을 위한 국제 협상에서 다수의 연구 기관과 산하 유전자은행들로 이루어진 컨소시엄을 대표하는 일까지 맡아, 작물다양성 컬렉션과 관련해 이런저런 정책안을 만드는 데 참여했다. 이 일로 유전자은행 직원들과 거의 매일 연락하면서 그들이 하는 일과 그들이 느끼는 두려움, 답답함을 어느 정도 알게 되었다. 물론 작물다양성을 확보하려는 그들의 열정도 함께 느꼈다.

유전자은행 운영자들 그리고 내가 사무관을 맡은 CGIAR에 유전자원 정책 자문을 제공하는 팀과의 회의를 앞두고 나는 스발바르 종자저장고 아이디어를 설명하는 한 페이지짜리 문서를 작성했다. 아주 간단한 제안이 담긴 초안이었다.

이 아이디어가 정치적, 기술적, 재정적으로 실현 가능하다는 전제하에, 스발바르제도에 건립될 종자 저장 시설은 다음 기능을 수행할 수 있습니다. 자연 재해와 내전, 내란 및 테러 행위로부터 궁극적인 안전을 제공한다. …… 또한 존재하는 모든 위험에 맞서 식량과 농업을 위한 식물유전자원PGRFA을 보전하겠다는 세계 공동체의 결의를 보여주고 PGRFA의 중요성을 강력히 피력한다.

제안서는 유전자은행 운영자들이 이 아이디어를 논의할 것을 촉구하면서 다음과 같은 이야기로 끝을 맺었다. "만약 이것이 추진할 가치가 있는 프로젝트로 판단된다면, 우리와 접촉할 노르웨이 정부가 이 문제를 조사하기 위해 관련 절차를 개시할 가능성이 있습니다."

2004년 2월에 나는 말레이시아에서 열린 유전자은행 운영자 회의에서, 그리고 로마에서 열린 정책 자문위원회 회의에서 이 안건을 제기했다. 두 회의 모두 주요 의제에 이 안건을 올리지 않

부분적으로 강철 튜브를 덧대어 감싼 터널을 따라 산 표면의 입구에서 130미터 정도 들어가면 저장실이 나온다.

았다. 공식 회의록에서 스발바르 종자저장고에 할애된 분량은 단 세 문장에 불과했다. 그러나 긍정적인 내용이었다. 두 회의에서 얻은 지지를 등에 업고 나는 노르웨이 정부 당국에 보낼 서한을 작성했다. 국제생물다양성연구소 소장 에밀 프리슨이 우리 측 대표로 서명했다. 이 서한에는 국내외 종자 컬렉션의 이중 안전 보장을 위해 스발바르에 국제종자은행을 건립하는 프로젝트의 타당성을 조사하는 일에 유전자은행 운영자들이 표명한 관심이 담겨 있었다. 우리는 조사 이상을 요구할 만큼 관련 지식이 풍부하거나 대범하지 못했다.

CGIAR 유전자은행 동료들과 내가 뜬금없이 노르웨이 정부에 서한을 보낸 것은 아니었다. 스발바르에는 종자 보관의 역사가 있었다. 북유럽 유전자은행은 1984년부터 스발바르의 탄광 갱도에 자사 컬렉션 중 일부의 중복표본을 보관하고, 주기적으로 표본들의 활력을 모니터했다. 이런 조건에서의 보관 효과를 알아보는 100년 예정 실험의 일환이었다. 갱도는 영구동토층의 최저 온도까지 내려가진 않지만, 대략 영하 2도 내지 3.5도의 환경을 항시 유지해주었다. 나도 첫 방문 때에야 알게 됐는데, 갱도는 믿을 만한 수준의 물리적 안전을 보장해주지는 못했다. 그래서 갱도 함몰 사고에 대비해 종자를 강화스틸로 만든 수출용 컨테이너에 넣어 보관해야 했다.

북유럽 국가들이 스발바르의 갱도에 종자를 유치한 지 5년 뒤인 1989년, 노르웨이 시드 테스팅 사의 아르너 볼, 노르웨이 오스에 있는 농업대학교 연구진인 올라 헤이더를 포함한 노르웨이 과학자들은 갱도를 더 깊이 파 들어가면 다른 나라들의 종자도 수용할 수 있겠다고 계산했다. 이 이타적인 아이디어는 점점 뿌리를 내렸고, 노르웨이 정부는 FAO에 '스발바르 국제종자은행' 설립안을 제출했다. 그러나 노르웨이 정부는 보관 환경을 개선하는 문제는 미처 생각하지 못했다. 그대로라면 종자를 갱도 내부 실온에, 즉 이상적인 온도보다 15도나 높은 환경에 보관하게 될 터였다. 노르웨이 정부로서는 시설 개보수 비용을 댈 계획도 없었다. 이 프로젝트를 진심으로 추진한다는 사실을 보여주려면 자금 문제를 해결해야 하는 상황이었다. 우리의 제안은 의도는 좋았으나 FAO에 닿자마자 불씨가 꺼져버렸다. 세상 어떤 유전자은행도 기준 미달 시설에 자기네 표본의 안전 중복표본을 보관하려 들지는 않을 터였다. 그건 누가 봐도 안전 중복표본이 아니었다. 프로젝트에 기금을 대겠다는 사람도 없었다. 게다가 재산권과 관련한 집요한 의문과 불신도 있었다. 일단 스발바르 저장고에 들어가면 종자는 누구의 소유인가? 우리의 제안은 초라하게 내쳐졌다. 나조차도 당시, 그러니까 1980년대 후반에 열린 몇 차례 회의에 저명한 모 비정부기구의 대표로 참가했을 때 우려와 반대를 표했다.

밀봉된 종자 상자들이 선반을 가득 메우고 있다. 지구상 최대 규모의 농업 생물다양성 컬렉션이다.

몇 년 후에 나는 노르웨이 외무부에 이 아이디어를 재고해달라고 다시 서한을 보냈는데, 이전에 제안서를 제출했던 일이 유리하게도 불리하게도 작용할 수 있음을 깨달았다. 당국은 우리 제안서를 보고 전 세계의 종자를 스발바르에 보관할 수 있다는 정도는 이해할 터였다. 이미 자국 과학자들이, 비록 훨씬 작은 규모에 조건도 열악했지만, 그렇게 하고 있었다. 하지만 또다시 공개적으로 체면이 깎일까 봐 노심초사할 터였다. 그러니 새 계획안을 처음 제안서와 비슷하게 작성해선 안 될 일이었다. 종자를 수집할 것이며, 종자 컬렉션은 스발바르의 시설에 보관될 것이다. 유사점은 이 정도에 그쳐야 했다. 새 계획안은 고려할 만한 모든 면에서 현저히 달라야 했고, 다를 터였다. 또 국내외를 막론하고 모든 참여자에게 과학적·법적·정치적·재정적 영역 전반에 걸쳐 득이 될 내용이라야 했다. 무엇보다 종자의 미래를 위한 일이라는 확신을 줘야 했다. 그래야만 노르웨이 정부의 고위 공직자가 위험을 감수하고 "이번에는 다를 겁니다"라고 말할 수 있을 터였다.

제안서를 발송하고 얼마 되지 않아, 대학 연구실로 전화가 왔다. 노르웨이 외무부 공무원이었다. 누구였는지는 잊어버렸다. 그는 외무부가 "저명한 국제 농업 연구소 그룹"으로부터 한 통의 서신을 받았다, 상황이 이렇게 된 이상 노르웨이 정부로서는 요청에 응할 수밖에 없지 않느냐고 말

노르웨이 예술가 뒤베케 산네가 스발바르 국제종자저장고 입구 위에 설치한 조명 작품.

했다. 그러면서 나더러 이 사안을 조사할 다국적 위원회의 의장을 맡아달라고 했다. 나는 이 시점에서 짚고 넘어가야 한다고 생각해서, 제안서를 작성한 사람이 사실 나이며 내가 위원회에 개입하면 일종의 이해 충돌이 될 거라고 밝혔다. 전화를 건 공무원은 내가 작성자라는 사실을 이미 알고 있다면서 그 서한은 노르웨이 정부에게 계획의 타당성 검토를 요청하고 있지 않느냐고 받아쳤다. 혹시 답을 이미 알고 계신지요? 타당성 있는 계획입니까? 나는 그러기를 바라지만 솔직히 잘 모르겠다고 대답했다. 잘됐군요. 담당자가 말했다. 선생님이 답을 알아낼 적격자이십니다.

나는 그저 제안을 했을 뿐인데 얼떨결에 타당성 조사위원회 의장직에 자원한 꼴이 되었다. 내가 이끌고 있던 대학 연구소인 세계 환경·개발 연구소Noragric로 계약서가 도착했고, 나에게는 숙제가 주어졌다.

계획

먼저 할 일은 위원회 멤버를 뽑는 것이었다. 나는 헨리 섄즈와 제프 호틴(국제식물유전자원연구소 전 소장이자 내가 CGIAR 유전자은행에서 이끌던 부서의 전 팀장), 그리고 윌리엄 조지(유전자은행 건립 및 리모델링 경험이 있는 엔지니어)를 불러들였다. 북유럽 유전자은행 소장인 벤트 스코우만은, 멕시코에 있는 CGIAR 산하 국제 옥수수·밀 개선센터의 밀 컬렉션을 관장했던 사람인데, 나중에 합류했다가 건강 문제와 다른 임무들 때문에 온전히 참여하지 못했다. 나는 내가 지도하던 유능한 대학원생 마르테 크베닐도 영입해 자료 조사와 정보 수집, 그리고 스발바르에서 2004년 8월에 열릴 위원회 회의의 세부 계획을 맡겼다.

우리 위원회가 위임받은 임무는 스발바르에 국제적인 종자은행을 설립하는 안건의 타당성을 따지는 것이었다. 곧바로 스발바르의 유리한 점 두 가지가 분명해졌다. 외진 곳이어서 세계의 수많은 위험에서 멀리 떨어져 있었다. 다른 하나는 그냥 추운 정도가 아니라 죽도록 추운 지역이라는 점인데, 이는 종자 보호에 매우 좋은 조건이었다.

그러나 위원회가 커다란 도전에 직면했음이 곧 드러났다. 평가할 계획안이 없는데 시설 건립의 타당성을 어떻게 평가한단 말인가? 우리는 우선 실행 가능성이 가장 큰 계획안을 세운 다음, 실제로 실행 가능한지를 따져봐야 했다. 건설에 따르는 문제, 종자 보호와 관련한 과학적 문제, 제도적·정치적·법적 문제, 재정적 고려 사항 등이 두루 걸려 있었다. 더불어 달성 가능한 목표와 기술 지침, 운영 방안도 세워야 했다. 그런데 이건 시작에 불과했다. 스발바르에서 첫 삽을 뜨기 전에 우선 이 계획안으로 정치권의 승인을 얻고 기금을 따내야 했다. 다음은 건축가와 엔지니어, 건설업자, 법률 전문가 등 온갖 관계자들이 개입할 차례였다. 위원회는 열정과 천진난만함을 반반씩 품고 작업에 착수했다. 이 계획이 타당성을 인정받는다 해도 일이 실제로 진행되지 않을 수도 있다는 의심을 우리 모두 품고 있었다. 이런 일은 좀처럼 실행되지 않는 법이니까.

우리 팀은 스발바르행 비행기표를 예약했다. 지금까지의 과정, 사안의 복잡성으로 인한 고민이 마음 한구석에 똬리를 틀고서 세상의 지붕으로 향하는 이번 여행이 어떤 결실이든 맺을 가능성은 희박하다고 자꾸 속삭였다.

우리 모두 스발바르는 가본 적이 없었다. 비행기는 트롬쇠를 경유해 승객과 물자, 연료를 싣고서야 바렌츠해협을 건넜다. 스발바르제도 롱위에아르뷔엔 마을 동쪽으로 펼쳐진 산 위를 지나는데 시야가 매우 흐리고 바람이 강한 데다 기체가 심하게 흔들렸다. 기장이 두 번 착륙을 시도했고, 두 번 다 고도를 도로 높여야 했다. 두 번째 시도 후 기장은 트롬쇠로 회항했다가 내일 다시 와야 한다고 알렸다. 세 번째 착륙 시도를 하기엔 연료가 부족하다는 것이었다. 이렇게 나의 첫 스발바르 여행은 무산되었다. 발도 붙여보지 못한 것이다. 상서로운 시작은 아니었다.

이튿날 우리는 착륙에 성공했다. 2004년 8월. 스발바르는 차디찬 여름날이었다.

스발바르에서 위원회 멤버로 맞은 첫날은 엉망진창이었다. 루네 베르그스트룀이 지방정부 청사 회의실에 지역 공무원들과 탄광 노동자 대표단, 기타 관계자들을 불러와 커다란 테이블에 둘러앉았다. 돌아가며 자기소개를 하고 내가 방문 목적을 설명했다. 현재 방치된 광산의 갱도를 확장해 더 많은 종자를 수용하면 어떨까요? 가장 그럴듯한 접근이었다. 아르너 크리스토페르센이라는, 직설화법밖에 모르는 탄광 노동자가 제일 먼저 입을 열었다. 형편없는 아이디어네요. 그가 단호하게 뱉었다. 턱도 없는 소리예요. 탄광은 위험한 곳입니다. 더럽죠. 무너지고, 불나고, 폭발도 일어난다고요! 이런 데가 종자를 보관하기에 적합하거나 안전한 곳이라고는 생각하기 어렵습니다. 여러 사람이 고개를 끄덕였다.

우리는 공항에서 곧장 회의장으로 온 참이었는데, 그 순간 서두르면 타고 온 비행기로 다시 돌아갈 수 있겠구나 하는 생각이 들었다. 바보가 된 기분이었다. 적지 않은 비용을 들여 멀리 스발바르까지 날아왔는데, 고작 1분 발언으로 용무가 끝나다니.

숨 막히도록 길게 느껴진 정적이 흐른 후 아르너가 말을 이었다. 정말로 괜찮은 종자 보관소를 설립하고 싶다면 탄광은 사용하지 마십쇼. 탄층에서 좀 떨어진 단단한 바위에 터널을 뚫어요. 거긴 가스도 없고, 불도 안 나고, 무너질 일도 없어요. 영구히 버텨줄 견고한 구조물, 새로운 구조물을 만들라는 겁니다. 우리가 생각지도 못했던 아이디어였다. 덕분에 갑자기 우리 안건은 다시 진행 궤도에 올랐다.

우리 타당성 평가단은 처음부터, 전 세계 종자를 보전할 보험과도 같은 존재가 되려면 지금까지 세워진 평범한 유전자은행 수준이어서는 안 된다는 것을 알고 있었다. 우리가 다른 은행에서 목격한 문제들을 완벽하게 방지할 시설, 전쟁이나 내분, 산업재해 같은 오늘날의 광기와 대혼란에서 멀리 떨어진 시설이라야 했다. 허리케인과 토네이도, 대홍수를 막아줄 뿐만 아니라 지진과 해수면 상승, 심지어 해일에도 끄떡없을 곳이라야 했다. 더불어 어떻게든 거의 자동적으로, 자체 가동할 수 있어야 했다. 인간이 더 개입할수록 일이 잘못될 개연성도 커지기 때문이다. 운영 체계는 군더더기 없이 단순해야 했다. 장기간, 아주 오랜 시간 지속 가능하려면 들어가는 비용이 크지 않아야 했다. 저렴하게 운영되지 않으면 예산 삭감에 휘둘릴 여지가 많았다. 아니 아예 매년 운영 자금을 확보하기 위해 기금을 유치할 필요가 있었다.

그런데 마침 제프 호틴이, FAO와 CGIAR가 작물다양성의 '영구' 보전을 목적으로 설립한 재단인 세계작물다양성재단의 임시 대표를 맡고 있었다. 당시 우리가 모르고 있었던 사실은, 얼마 후 내가 호틴의 후임으로 재단 대표를 맡게 되리라는 것이었다. 종자저장고를 설립하려는 이들에게 아주 환상적인 사업 파트너였고, 저장고 건립에 더없이 완벽한 타이밍이기도 했다.

우리 위원회가 숙제를 해결하려면 합당한 진행 순서를 따라야 했으니 우선 계획을 세워야 했다. '타당성'을 시험할 구체적인 대상이 있어야 했다. 적절한 장소를 찾고, 건물의 설계도를 구상하고, 실제로 건설 가능한지 따져봐야 했다. 또 건축과 운영에 들어갈 비용을 산출하고 적절한 운영자를 선정하고, 운영 체계 구성을 논의하고, '현실 세계'의 유전자은행들이 실제로 이 시설을 이용할지도 알아봐야 했다.

그런 다음, 반드시 그런 다음에야 한발 물러나 본래의 질문이자 노르웨이 정부가 위원회에 판단을 맡긴 문제를 다시 따져볼 수 있었다. 타당성이 있는가? 의도한 효과를 거둘 것인가? 앞으로 몇 년, 몇 세기, 아니 100만 년 동안 강력한 보호 장치가 되어줄 수 있나? 유전자 침식, 즉 농경지와 유전자은행에서 일어나고 있는 작물다양성의 멸종을 마침내 멈출 수 있는가? 이 질문들에 우리는 아직 답할 수 없었다. 우리 위원회는 규모는 작지만 실용주의자들로 구성돼 있었다. 우리는 완벽한 해결책이란 없음을 알고 있었다. 우리가 떠올리는 어떤 대책도 절대적인 보호책이 될 수는 없다는 사실도 알았다. 그런 보장은 세상에 존재하지 않는다. 그렇지만 우리는 지치고 넌더리가 났고, 솔직히 꾸준히 지속될 뿐 아니라 갈수록 심각해지는 작물다양성 소실 현상이 너무 무서웠다. 그래서 어떻게든 문제를 해결하고야 말겠다는 태세였다.

스발바르에 종자 보관 시설을 짓는 아이디어가 타당성이 있다고 선언하기 전에 해결해야 할 과제가 한두 가지가 아니었다. 그러나 우리는 스발바르의 강력한 이점들을 이미 알고 있었다. 첫째로 꼽을 가장 중요한 이점은 국제사회에서 노르웨이의 평판이었다. 노르웨이는 환경 문제에서 늘 선도적 역할을 해왔다. 또 세계에서 가장 후한 대외 원조국 중 하나이기도 했다. 작물다양성의 재산권 및 접근성과 관련한 쟁점들을 놓고 선진국과 개발도상국 들이 오랫동안 갈등을 빚었는데 이 논의에서 노르웨이가 정직하고 공정한 참여자로 쌓은 평판은 비교 대상이 없을 정도였다. 다툼이 아니라 해법을 찾는 노력을 꾸준히 보여온 결과였다. 한마디로 노르웨이는 국제 시설을 유치하는 데 이해가 상충할 요소가 없는 국가였다. 최근에 체결된 식량과 농업을 위한 식물유전자원 국

꼭대기 선반에 상자를 올리려면 어느 정도 균형 감각이 있어야 한다.

제조약도 긴장을 낮추는 역할을 했다.

종자저장고를 스발바르에 짓는 가장 합리적인 이유 하나가 비행기에서 내리는 즉시 와닿았다. 외진 데 있어서 보안에 용이하다는 것이다. 그런데 외지긴 해도 접근할 수 있다. 종자를 쉽게 들여오고 내갈 수 있다. 우리에겐 그런 조합이 필요했다.

게다가 춥기는 또 얼마나 추운지! 스발바르에 시설을 지으면 영구동토층을 십분 활용할 수 있었다. 표층 아래 흙과 바위가 1년 내내 얼어 있는 부분 말이다. 스발바르의 영구동토는 천연 냉동고가 되어주는데, 이는 장기 보존의 핵심 요건에도 부합한다. 기계장치를 이용하면 국제 표준인 영하 18도까지 냉각시킬 수 있다. 냉각 시스템에 이상이라도 생기면, 수리 보수될 때까지 영구동토가 종자를 냉동 상태로 유지하는 데 적절한 보조 장치 역할을 해줄 것이다.

스발바르는 우리에게 알려진 춥고 외진 다른 산지와 다르게 정세가 안정되어 있다. 1920년 파리에서 맺은 스발바르조약에 따라 어떤 군사행동도 금지되어 있기 때문이다. 지방정부는 매우 유능하며 도움을 주는 데 주저함이 없다. 지역사회는 규모는 작으나 노련하고 기꺼이 협조한다.

인프라도 수준급이다. 노르웨이가 엄청난 예산을 투입한 덕에 스발바르는 타국의 인구 2000명 남짓한 마을에서 기대할 법한 수준을 훌쩍 뛰어넘은 기반시설을 갖추게 되었다. (에어버스380이 시험 착륙을 하기에 충분한 길이의 활주로가 딸린) 공항 하나, 그리고 웬만큼 큰 선박이 드나들기에 충분한 규모의 항구도 하나 있다. 이 지역에서 채굴하는 석탄으로 지역 전력 수요도 충당한다. 덕분에 외부의 연료 자원에 전혀 의존하지 않는다. 통신 회선도 훌륭하다.

물리적 조건은 거의 이상에 가깝다. 산으로 둘러싸인 구조는 보안을 강화하고 훌륭한 단열 장치가 되어준다. 이 지역은 지질학적으로 안정돼 있다. 산속 방사능 수치는 초당 0에서 100베크렐까지, 즉 거의 없는 수준이다. 습도는 비교적 낮다. 메탄가스 수치도 매우 낮다. 기후변화로 인한 해수면 상승이 예측되지만, 높아질 것으로 예상되는 어떤 지점보다도 훨씬 높은 곳에 시설을 지을 수 있다. 실제로 세상의 모든 빙하와 얼음이 녹아 해수면이 70미터 상승하거나 전례 없는 규모의 해일이 닥친다 해도 우리가 염두에 둔 곳은 최대치로 상승한 해수면보다 약 20미터 위에서, 한 뼘도 젖지 않은 채 살아남을 것이다.

계획안은 구체적으로 가닥이 잡히기 시작했다. 팀원 몇 명이 노르웨이 정책 결정자들 쪽에 연줄이 있어서 정부 고위인사가 우리 제안서를 특별히 고려하도록 독려한 것도 도움이 되었다.

이 시설이 주기적으로 종자를 위탁했다 회수하는 기존의 유전자은행과 다르다는 것을 드러

내려면 다른 이름을 붙여야 한다고 누군가 제안했고, 그래서 '종자저장고'가 되었다. 그리고 '인터내셔널'이라고 하면 단 두 나라만 가리킬 수도 있는데 우리 종자저장고는 그보다 훨씬 많은 국가가 참여하므로, '글로벌' 종자저장고가 되었다. 이렇게 해서 '스발바르 국제종자저장고'라는 이름이 탄생했다.

스발바르 국제종자저장고의 목적은 각국의 종자은행에 보관된 작물의 다양성이 해가 갈수록 재해나 다름없는 소실을 겪는 사태를 막기 위해 영구 보전책을 제공하는 것이다. 스발바르 종자저장고는 지구상에 존재하는 가장 중요한 자연자원을 '완벽 보장' 수준으로 보호한다. 작물다양성을 보전하고 이를 식물 육종과 연구에 이용할 수 있게 해주는 종자 보호 시설들의 국제 네트워크 안에서도 그야말로 핵심 역할을 한다. 종자저장고 설립 아이디어는 무엇보다 개별 종자 컬렉션에서 너무 자주 발생하는 자잘한 다양성 소실 사건에 대비해 종자를 보호하려는 과학자들의 열망에서 탄생했다. 스발바르 종자저장고에서 고유 품종의 중복표본이 보호를 받는다면, 개별 유전자은행은 자기네 시설에서 한 품종이 유실되거나 심지어 컬렉션 전체가 사라진다 해도 해당 품종 혹은 컬렉션 그리고 거기에 담긴 다양성이 소멸하는 사태를 걱정하지 않아도 된다. 스발바르 종자저장고가 이곳에 표본을 위탁한 유전자은행에 다시 공급할 '여분의 표본'을 가지고 있을 테니 말이다. 다음은 우리 위원회가 작성한 타당성 조사 보고서에서 발췌한 내용이다.

조사를 진행하면서 본 위원회는 국제사회가 '최악의 상황'을 상정하고 대비책을 세워야 할 절실한 필요성, 식물유전자원을 기존의 위험과 새로이 닥칠 위험, 주기적으로 닥치는 위험은 물론 전례 없는 사건 사고로부터 보호하여 장기적으로 보전해야 할 필요성이 있음을 절실히 깨닫고 수용했다. 이에 따라 본 위원회는 스발바르에 건립될 시설이 세상에서 가장 귀중한 자연자원에 궁극적으로 '완벽 보장' 수준의 보호책을 제공할 수 있을지, 그리고 효과적이고 지속 가능한 방식으로, 또 저비용에 정치적·법적으로 용납 가능한 방식으로 운영될 수 있을지 평가하는 절차를 진행했다.

본 위원회의 결론은, 이 보고서에 상세히 기술했듯, 스발바르에 건립될 시설이 이 모든 요건을 충족시킬 수 있으며 그럼으로써 우리가 상상할 수 있는 먼 미래까지 식량 안보와 환경 보전 그리고 인류의 안전과 안녕에 크나큰 기여를 할 수 있다는 것이다.

꼭 종말의 위기가 닥쳐야만 종자저장고가 효력을 발휘하고 들인 비용을 몇 배로 회수할 수 있는 것은 아니다. 종자저장고를 구상하고 설계하고 건립한 우리도 세상의 종말을 염두에 둔 것은 아니었다. 우리는 종자저장고를 '종말의 날 저장고'로 생각한 적이 없으며 그렇게 표현한 적도 없다. 전 지구적 재앙을 예측하고 만든 시설이 아니다. 우리는 "회개하라, 종말이 가까웠으니"라고 쓴 표지판을 들고 시내를 활보하는 무리가 아니라, 실용주의자들이었다. 이상주의에 조금 치우쳤는지는 몰라도 어쨌든 실용주의자였다. 우리는 모든 유전자은행에서 다양성이 소실되고 있는 문제를 직시했다. 만약 스발바르 종자저장고가 각 유전자은행에서 소실된 표본을 단순히 재공급하는 기능만 제대로 해줘도 우리가 들인 노력과 비용을 수천 배로 보상할 거라고 보았다. 그리고 가능성이 희박하긴 하지만 대규모의 국지적 혹은 지구적 재난이 발생한다면 종자저장고가 인류 모두에게 대체 불가능한 역할을 해줄 터였다.

2004년 9월 노르웨이 정부에 제출한 타당성 조사 보고서는 2부로 구성되어 있었다. 1부에서는 기술적인 측면과 재정적인 측면을 분석했고 2부에서는 법적인 사항과 정치적 사항을 분석했다. 외무부는 후자를 구체적으로 서술해달라고 요구했는데, 이 요청은 '은밀하게' 전달되었다. 다른 국가들이 자국의 종자를 스발바르 저장고에 위탁하는 것을 어떻게 생각하는지 진술한 의견을 듣고 싶어 했기 때문이다. 나는 우리의 계획이 실행되기를 간절히 원했지만, 간절한 만큼 이 극비 평가를 더욱 엄격히 수행해야 한다는 것을 알았다. 만약 이 조사에서 문제의 소지가 발견되면 있는 그대로 보고해야 한다는 사실도 알았다. 다른 국가들이 정말 우리 예측대로 이 시설을 이용해줄까? 정치적 혹은 법적 문제는 없을까? 어떤 식으로든 논란이 일지는 않을까? 보고서는 비공개 처리됐지만, 결론은 모두가 안다. 유의미한 정치적, 법적 걸림돌은 없는 것으로 드러났다. 내가 접촉한 모든 국가가 우리의 아이디어를 반겼는데, 나는 작물다양성 주요 보유국은 하나도 빼놓지 않고 접촉했다. 작물다양성을 지키기 위해 애쓰는 과학자 집단에서 이렇게 긍정적인 반응을 얻었음에도, 우리는 언론이나 대중이 우리 일에 조금이라도 관심을 보일 거라고는 생각하지 못했다. '언론'이라는 단어는 우리 보고서에 등장하지도 않았다.

아무튼 타당성 조사는 끝났고, 나는 보고서를 제출하러 기차를 타고 오슬로로 갔다.

나는 올라브 키요르벤의 사무실로 안내 받았다. 키가 훌쩍 크고, 외무부의 국제개발 담당 비서관치고는 놀랍도록 젊은 사람이었다. 사무실 벽은 그의 어린 자녀들이 그린 그림으로 예쁘게 장식되어 있었다. 나는 30분 안에 타당성 조사 결과를 브리핑해야 했다. 키요르벤은 초집중해서, 그러나 아무 말 없이 듣기만 했고 나는 그의 속내를 읽어낼 수가 없었다. 계획안이 마음에 드는지 아니면 허튼소리라고 생각하는지, 어떤 낌새도 보이지 않았다. 마침내 그가 테이블 위로 상체를 숙이며 말했다.

"정리해볼게요. 이 종자들이 지구상에서 가장 중요한 자연자원이라는 말씀이시죠?"

"아, 네, 대충 그렇습니다."

"그리고 스발바르가 종자들을 보호할 최적의 장소라는 말씀이고요?"

나는 확신을 담아 대답했다. "예, 그렇습니다."

그러자 키요르벤은 어깨를 으쓱하고 손바닥을 내보이며 말했다. "그럼 그런 제안을 저희가 어떻게 거절하겠습니까?"

순간 전류가 몸을 관통하는 듯했다. 이게 생시인가? 방금 승인받은 게 현실인가?

그러나 정부는 프로젝트 진행을 공식 수락하고 예산을 배정하기 전에 타당성 보고서보다 훨씬 더 많은 근거 자료를 요구할 터였다. 설계 청사진과 더 구체적인 운영 계획, 제대로 된 예산안을 요구할 게 분명했다. 정부는 다섯 개 부처의 직원들로 조정위원회를 꾸렸다. 농업식품부 소속의 그레테 에비엔이 깊이 관여하게 되었다.

2005년 가을, 정부를 대신해 공공 건축을 계획하고 건설하고 관리하는 회사인 스타츠뷔그가 우리가 제안한 시설의 설계 및 건설사 모집 입찰에 응했다. 망누스 브레델리 트베이텐이 소매를 걷어붙이고 뛰어들어 스타츠뷔그 쪽의 절차를 매끄럽게 이끌어주었다. 보통 각오로는 넘기 힘든 산이었다. 이런 종류의 일은 진행된 전례가 없었다. 이번 입찰에 응할 정도로 충분한 기술과 배짱을 갖춘 건축 설계 회사와 엔지니어링 회사, 건설사의 수가 애초에 많지 않았다. 발린헤우 컨설트 AS(지금은 멀티컨설트 AS) 사가 노르웨이 북부를 중심으로 활동하는 핀란드 건축가 페테르 쇠데르만과 함께 시설 구조를 설계하는 일을 맡았다. 이 시설이 종자 보호 기능을 제대로 해내기 위해서는 건축가와 엔지니어 나아가 건설업자들이 우리가 산속에서 뭘 하려는지 제대로 이해할 필요가 있었다. 우리가 요구하는 작업 요건은 무엇인가? 종자가 얼마나 차가워야 하는가? 종자들이 공간을 얼마나 차지할 것인가? 그들의 질문은 망누스가 전달했다. 나는 답할 자신이 없거나 막힌 기분이 들면, 시설의 과학적 운영 시스템 개발을 맡은 제프 호킨이나 규모가 큰 국영 유전자은행에서 일한 경험이 있는 헨리 샌즈에게 도움을 구했다.

노르웨이 외무부가 처음 프로젝트를 지지하고 나선 이래로, 어느 부처가 건설 비용을 얼마나 부담할 것인가를 두고 몇 달간 커튼 뒤에서 토의와 협상이 이루어졌다. 어느 부처도 종자저장고를 위해 떼어놓은 예산은 없었다. 그동안 쇠데르만과 엔지니어들은 스타츠뷔그와 정부 조정위원회, 타당성 조사위원회와 협력해, 어쩌면 영영 실현되지 않을 수도 있는 시설의 설계도를 그리고 있었다.

건축가 페테르 쇠데르만은 산중에 종자저장고를 설계해본 적이 한 번도 없었다. 그런 사람은 사실 아무도 없었다. 처음에 우리는 안전장치 삼아 롱위에아르뷔엔 시내와 어느 정도 떨어진 장소에 짓는 게 최선이라는 데 동의했다. 접근이 쉽지 않고, 숨길 수도 있으니 금상첨화였다. 그래서 쇠데르만의 첫째 과제는 저장고를 눈에 안 띄는 건물로 설계할 방법을 모색하는 것이었다. 산 측면에 평범한 문 하나만 내는 방법도 있었다. 미니멀리즘 건축이었다. 그러나 여러 가지 문제가 있었다. 폭설이나 산등성이를 타고 굴러내려 쌓이는 돌멩이와 바위에 문이 시도 때도 없이 파묻힐지도 몰랐다.

종자 몇 톤을 실어 나르고 저장하는 시설을 그럴듯하게 위장할 수 있을까? 터무니없이 비현실적이라는 답이 바로 내려졌다. 오히려 공항 관제탑에서 망원경으로 볼 수 있을 정도로 마을과 가까운 곳에 지을 경우 보안이 강화될 거라는 판단이 들었다. 쇠데르만은 한시름 덜었다. 그는 출입이 용이하려면 돌출 구조로 만들어야 한다고 보았다. 처음에는 '바위를 찌르고 들어가는 칼'처럼 콘크리트 슬라브 두 개를 V자로 맞댄 형태로 설계하려고 했다가 I자형으로 바꾸었다. 그는 겉으로 드러난 건물 외형이 특별한 감정을 불러일으키기를 바랐다. 보는 사람들이 "여기 중요한 게 있어요'하고 속삭이듯 숨어 있는 보석"을 발견한 느낌을 받았으면 했다. 이를테면 "비밀은 비밀인데, 우리 모두를 위한 비밀"처럼 느껴지는 건물. 그러나 쇠데르만은 기술적 문제에 더 집중했다. 이 프

스발바르에 널린 빙하를 구경하러 조디악 보트를 타고 출발하는 관광객들.

로젝트에서는 기술적인 면이 훨씬 중요했다.

2006년 하반기에 이르자 서서히 구체적인 계획과 설계도, 예산안, 법적 서류들이 갖춰지고 환경 평가도 실시되기 시작했다. 오슬로에 있는 농업식품부 청사 2층에서 열린 회의에서 망누스가 종자저장고 설계도 스케치를 공개했다. 나도 모르게 입가에 미소가 번졌다. 2년 전 우리 위원회가 처음 구상한 안과는 다소 달랐지만, 딱 우리가 원한 설계였다. 나는 튀지 않으면서 현대적인 디자인, 산의 한쪽 끝자락에 자연스럽게 어울릴, 노르웨이의 철학이 담긴 디자인을 떠올렸었다. 그런데 우리 앞에 영화 〈2001: 스페이스 오디세이〉에 등장할 법한, 산자락에서 돌출된 쐐기 모양 구조물이 떡하니 버티고 있었다. 숨이 멎도록 멋진 동시에 너무나도 북유럽적인 디자인이었다.

설계대로라면 미끈하고 눈에 확 띄는 출입구 구간이 있고 거기서 시작되는 터널을 100미터 이상 들어가면 그 끝에 저장실이 나오는 구조였다. 영구동토가 제공하는 냉각 효과를 최대한 활용하기 위해 기온이 가장 낮은 지점에 저장실을 배치한 것이다. 스발바르의 영구동토는 태양에 노출되어 항상 얼어 있지는 않은 표층으로부터 1.5미터 정도 들어간 지점에서 시작된다.

우리가 망누스에게 몇 가지 질문을 하긴 했지만 이것이 바로 우리가 원한 설계임은 아무도 의심하지 않았다. 아름답고 단순하며, 지극히 기능적인 디자인. 우리는 매료되었다.

종자저장고 건립 아이디어를 구상한 단계는 이를 실행한 과정에 비하면 아무것도 아니었다. 건립에 필요한 정치적, 재정적 기반을 확보할 수 있었던 것은 지칠 줄 모르고 보이지 않는 곳에서 애쓰며 열심히 응원의 목소리를 내준 수많은 이들 덕분이었다. 스발바르에 시설을 세우려니 어쩔 수 없이 여러 정부 부처가 개입해야 했다. 종자저장고 건립 기금은 어느 부처도 확보해놓지 않았으니, 기금을 마련하려면 여러 부처에 두루두루 우리 편을 만들어야 했다. 내가 FAO에서 농업 관련 업무를 맡았을 때 인연을 맺은 동료들, 그리고 노르웨이에서 살았을 때 사귄 친구와 지인 들이 나서주었다. 이 일의 중대성을 잘 아는 이들이었다. 농업식품부의 그레테 에비엔, 환경부의 얀 보링, 그리고 외무부의 군보르 베르게와 (현재 로마 주재 국제연합 대사로 일하고 있는) 요스테인 레이로가 '힘쓰는 일'을 도맡아 했다. 나중에는 외무부의 안네 크리스틴 헤르만센이 합류해서 마침 필요할 때 일이 되도록 뒷심을 실어주었다. 나는 프로젝트에 의문이 제기될 때마다 구체적인 정보와 근거를 제시해 지원사격 했고, 전략적 자문을 제공했다. 수십 차례나 정부 승인이 뒤집힐 뻔했다. 그러나 노르웨이 공무원들은 수완이 참신하고, 끈질겼다. 관련된 정부 부처들을 불러 모아 의심을 잠재우고, 100여 가지는 족히 되는 정치적, 관료적 문제를 해결했다. 스발바르 국제종자저장고가 세워져

제 기능을 다하게 되기까지 이들 모두가 저마다 결정적 역할을 했다. 나는 그들 중 한 명이라도 기여하지 못했다면 오늘날 우리 종자저장고가 서 있지 못했을 거라고 믿는다.

사실 세부 사항을 검토하고 최종 승인을 받기까지 2년이 걸렸고 2007년 착공하기까지는 2년 반이 걸렸다. 지금에야 다들 그때를 돌아보며 종자저장고 건립이 당연히 추진해야 할 훌륭한 아이디어였으며 노르웨이 정부의 승인과 기금 지원은 당연했다고 말할 수 있다. 하지만 저장고가 설립되기 전인 2004년에는 정신 나간 아이디어라고, 비현실적이고 불필요하며 돈만 많이 먹는 시설이라고, 정부가 또 한 번 삽질하는 거라고 얼마든지 욕을 퍼부을 수 있었다. 모든 정부 부처는 위험을 피하려는 성향이 있다. 북극 근처의 산속에 종자를 저장할 방을 짓는다고? 미쳤나?

하지만 노르웨이는 '짓겠다'고 했다.

건설

오롯이 노르웨이 정부에게 자금 지원을 약속받은 상태에서(외무부가 50퍼센트, 농업식품부와 환경부가 각각 25퍼센트를 대기로 했다) 프로젝트의 이행은 이제 스타츠뷔그 사의 손으로 넘어갔다. 망누스 트베이텐이 계속해서 프로젝트 진행 책임을 맡았고, 정부 측 인사로는 가이르 달홀트가 조정위원회 의장을 맡았다. 발린헤우는 본사가 노르웨이 북부에 있어서 스발바르에서 일을 진행해본 경험이 많은 터라 설계와 엔지니어링을 맡았다. 시공은 유일하게 스발바르에서 일한 경험이 풍부하고 지역에서 존재감도 있는 건설사인 레오나르 닐센 오그 쇤네르가 따냈다.

노르웨이와 스웨덴, 덴마크, 핀란드, 아이슬란드의 총리들이 참석한 가운데 공식 착공식이 열렸다. 정치인들은 다소 어리둥절하고 어쩌면 회의적이기까지 한 표정으로, 기자 몇 명 그리고 나를 포함한 프로젝트 관계자들과 함께 3번 광산 옆 언덕배기에 와글와글 모였다. 총리 몇 명과 내가 짤막하게 연설을 한 다음 각국 정상이 조그만 주머니에 담아 온 종자를 현지에서 주운 돌멩이가 든 투명한 플라스틱 관에 털어 넣으며 기념 촬영을 했다. 산과 씨앗의 결합을 상징하는 장면이었다. 씨앗과 돌은 여기서 다시는 못 만나게 되는데, 그때는 몰랐다. 기념식 장소가 탄층과 너무 가까웠기 때문이다. 종자저장고는 근처의 다른 곳에 세워야 했다. 어쨌든 착공식은 성공적으로 마무리됐고 우리는 노르웨이 총리 옌스 스톨텐베르그 부부가 준비한 만찬장으로 자리를 옮겼다.

종자저장고 건립 공식 허가는 2006년 5월에 떨어졌고, 건설 계약도 놀라운 속도로 추진되어 11월에 최종 확정됐다. 900만 달러에 이르는 비용 전액을 노르웨이 정부가 부담한 저장고 건설 공사가, 아직 눈이 땅을 덮고 있던 2007년 봄에 시작되었다. 5월 18일 오후 5시 25분, 롱위에아르뷔엔 지자체장인 셸 모르크가 공항 위로 훌쩍 솟은 플라토베르게산 등성이에서 발파 장치를 눌러 첫 폭발을 일으키는 의식을 거행했다. 이제 터널을 뚫는 작업에 본격적으로 착수할 순서였다.

스발바르의 암반은 사암, 실트암, 점토암으로 이루어져 있어서 터널을 내기에는 적합하지 않으며, 서류상으로는 계획이 얼마나 그럴듯하든 간에, 암석층 경계선을 따라 뚫어야만 터널이 안정적이고 단단한 사암층을 이고 있을 수 있다. 발파와 굴진 작업을 해본 사람만이 알 수 있는 이야기다.

산지가 많은 노르웨이에서 도로 건설에 쓰이는 굴진기를 본토에서 가져와 현장팀이 바위를 뚫고 들어가기 시작했다. 굴진 작업과 기계에서 발생한 열기가 일시적으로 영구동토를 녹이면서 작업 현장이 춥고 눅진해졌다. 노동자들은 머리 위에서는 자잘한 돌멩이가 쏟아지고 발밑에는 물웅덩이와 눈 녹은 물이 흥건한 가운데 작업해야 했다.

암석층을 따라 파고 들어간 터널은 100미터가량 뻗어 있는데 아래로 살짝 경사가 졌다. 영구동토라는 방벽이 없어서 터널 입구에서 스며든 눈 녹은 물은 터널 몇 미터 안쪽에서 기계로 퍼내야 한다. 예방 조치 삼아 펌프를 터널 중간쯤에 하나, 조금 더 들어가서 하나, 이렇게 두 대를 설치했고, 예비 발전기도 한 대 들여놓았다. 입구에서 물이 스며들어도 종자에는 전혀 위협이 안 된다. 종자는 펌프를 한참 지나 깊숙이, 더 높은 곳에 보관되어 있는 데다 밖에서 스며든 물이 저장실에 닿기도 전에 얼어붙을 만큼 극히 낮은 온도에서 보관되고 있기 때문이다. 그렇다 해도 이 문제를 해결하기 위해 2016년 현재 기술팀이 작업 중이다. 물이 한 방울도 스며들지 못하게 터널 상부를 밀폐하든가, 아니면 이 차가운 누수를 터널에서 다른 데로 내보내 펌프로 배출할 필요조차 없게 하거나 아예 제거하는 패시브 시스템을 마련하려는 것이다. 그래도 펌프는 만일을 대비해 그냥 배치해둘 예정이다.

계획 단계에서 내가 한 계산에 따르면, 스발바르 종자저장고는 표본 300만 종을 수용할 능력을 갖춰야 한다. 비록 이 세상에 고유 품종 또는 개체군이 150만 종을 넘지는 않는다고 확신할 수 있으며 존재하는 종자에 대해 백 퍼센트 표본을 마련하는 일도 불가능하다고 보지만, 그럼에도 식물자원을 보호하기 위해 여유 공간을 충분히 둘 필요가 있다고 판단했다. 만에 하나 발생할 수 있는 오류와 새로이 생겨날 다양성 둘 다를 수용하기 위해서다. 건설 단계에서 가장 크게, 그리고 가

2007년 여름, 건설 초기 단계의 스발바르 종자저장고.

장 기분 좋게 놀랐던 때는 구조적인 이유로 저장실 두 개의 천장 높이를 낮춰야 한다는 통보를 받았을 때였다. 천장을 낮추기로 하면 흙을 덜 파내도 되고 세 번째 보관실을 만들 여지도 생길 터였다. 그럼 건설 비용을 추가하지 않고도 종자저장고의 보관량을 표본 300만 종에서 450만 종으로 늘릴 수 있었다. 이 수용 능력이 나 자신이나 내 자식 세대가 살아 있는 동안에는 한계에 이르지 않으리라 확신한다. 내 계산이 틀리더라도 터널을 조금만 더 파면 보관실을 하나 더 만들 수 있다. 어쨌든 어마어마하게 큰 산이니까.

타당성 조사팀 수장으로서 나는 기술적 문제에 긴밀히 관여했고, 건설 현장에 자주 방문하면서 스타츠뷔그 본사의 망누스 트베이텐, 언제나 도움을 주고 살갑게 굴던 현장 총괄 책임자 다그 브록스, 현장 관리소장 얄레 베르그-옥스피엘렐브와 그의 팀, 그리고 프로젝트에 몸과 마음을 다 바친 스타츠뷔그 롱위에아르뷔엔 지부의 토르 스베레 칼센과 점점 더 친해졌다.

1720제곱미터 크기의 종자저장고를 짓는 데 필요한 자재와 기계는 모두 선박이나 비행기로 수송해 와야 했는데, 그중에는 산에 터널을 뚫는 용도의 거대한 굴진기도 있었다. 보급선은 보통 일주일에 한 번, 금요일에 각종 기기와 자재를 싣고 왔다. 한번은 악천후를 뚫고 오던 도중에 동력을 잃는 바람에, 바다 한가운데서 배를 구조해 롱위에아르뷔엔으로 예인해야 했다.

스발바르에서 뭐든 건설하려면 썩 좋지 않은 환경을 견뎌가며 작업해야 한다. 추운 건 물론이고 현장이 습한 경우가 많으며 보통은 어두컴컴하다. 여기에 또 다른 위험 요소도 있다. 북극곰이 현장에 세 번이나 출현한 것이다. 한번은 흰곰 한 마리가 바로 아래 도로에서 현장 쪽으로 다가오는 것을 일꾼들이 발견했다. 또 터널에서 막 나온 일꾼들이 입구 바로 앞에 난 곰 발자국을 발견한 적도 두 번이나 있었다. 이런 이유로 나는, 특히 겨울에는 더 조심해서, 종자저장고 앞에서 차에서 내릴 때 그리고 저장고 출입문을 열고 밖으로 나올 때 사방을, 반드시 360도를 꼼꼼히 살핀다. 근처에 곰이 어슬렁거리고 있을 확률은 낮지만, 그렇다고 목숨을 걸 필요는 없지 않나?

현장을 방문할 때마다 모두들 너무 열심히 일하고 있어서, 그리고 건설팀 노동자가 몇 명 안 돼서 놀라곤 했다. 아주 조금이라도 관여한 사람(부록 2를 참고하라)까지 포함해 관계자 수는 상당히 많았지만, 스발바르 종자저장고는 비교적 적은 인력으로 지어졌다. 현장팀에 키가 훌쩍 큰 금발의 스웨덴 청년이 있었는데, 하루는 입구 비계목으로 쓸 목재를 나르다가 걸음을 멈추고 나와 얘기를 나눴다. "여기서 일하는 거 어때요?" 내가 물었다. 내심 종자저장고의 설립 목적에 어울리는 숭고한 대답이 나오길 기대하고 있었다. "어, 다른 건설 현장에서 일하는 거랑 똑같아요." 청년은 건설

스발바르 종자저장고 건설 당시의 현장. 현장팀 단체 사진에서 맨 왼쪽이 총괄 책임자 다그 브록스, 오른쪽 두 번째가 캐리 파울러다.

현장에 있게 마련인, 주변에 널린 폐자재와 기계를 무심히 가리키며 대꾸했다. 그러더니 잠시 입을 다물었다가 한마디 덧붙였다. "근데 저한테는 평생 한 번 올까 말까 한 일거리이기도 해요." 여러 국가가 힘을 합쳐 이런 긍정적인 일을 해낼 때도 됐다는 것이었다. 그가 보인 태도와 조용한 자부심을 나는 이후에도 현장을 오가며 모든 사람들에게서 목격했다. 세계작물다양성재단 본부의 내 사무실 벽에는 스발바르 현장에서 찍은 사진 중 딱 한 장만 걸어놓았다. 마리 테프레가 찍은 환상적인 사진들 중에서 내가 가장 소장하고 싶었던 것으로, 저장고를 실제로 지은 이들이 누구인지 상기시켜주는 현장 노동자들 사진이다.

노르웨이에서는 정부 보조금이 들어간 건축물에 예술작품을 설치하는 것이 관행이다. 일정한도를 초과한 비용이 들어간 건축 프로젝트에는 따로 예술작품 설치 예산을 책정하게 되어 있다. 스발바르 국제종자저장고의 예술작품은 모두가 볼 수 있는 곳에 설치되어 있다. 저장고를 마주 보고 서면 출입구가 보인다. 삼각형의 콘크리트 쐐기, 혹은 거대한 지느러미가 산에서 비죽 튀어나온 모양새다. 문 앞에서 올려다보면 노르웨이 예술가 뒤베케 산네가 디자인한 조명 작품이 정문 상부 벽과 지붕을 감싼 형태로 설치되어 있다.

2008년 2월 개관에 맞춰 현장 노동자들이 마무리 작업을 서두르는 동안, 예술가도 작품 설치 작업에 홀로 박차를 가했다. 본토에서 온 여성 예술가를 보는 노동자들의 시선에 회의적인 태도가 엿보였다. 1월의 어느 캄캄한 극야. 뼈가 시리도록 춥고 바람이 요란한 소리를 내며 몰아쳤다. 뒤베케가 당시를 떠올리며 말했다. "그곳은 상상을 초월할 정도로 추워요. 찬바람에 시린 눈이 튀어나올 것 같아서 오토바이용 고글을 써야 했어요. 또 야외에서 혼자 작업할 때마다 디지털카메라로 주변을 과다노출로 여러 장 찍어서 근처에 얼음곰이 없는지 확인하곤 했죠." 일주일 동안 뒤베케는 종자저장고 건물 꼭대기에서 추위와 바람과 싸우며 작업을 해나갔다. 마침내 그가 영속적 파급이라고 제목을 붙인 작품이 완성되어 빛을 발하기 시작했다. 나는 다음번에 현장을

건축가 페테르 쇠데르만이 공책에 그린 스발바르 종자저장고 설계도 초안.

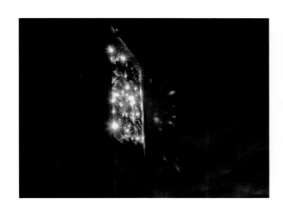

찾았을 때 노동자들이 적잖이 존경 어린 투로 예술가에 대해 이야기하는 것을 들었다.

영속적 파급은 거울 같은 성질의 연마철로 만든 조그만 삼각형 조각 수백 개, 그리고 불투명
유리와 금속을 여러 겹 덧대어 빛의 각도에 따라 다른 색깔을 내는 다이크로익 글라스로 만들어졌
는데, 이런 재질 덕분에 보는 각도에 따라 유리가 각양각색으로 빛난다. 우주에 떠 있는 조각처럼
보이는 이 조그만 판유리들 뒤로 200개의 광섬유 케이블이 푸르스름한 녹색 빛을 발하면서 맥박
이 뛰듯 약하게 깜빡인다. 이 조명 작품은 여름의 백야에는 전기의 도움을 받을 필요가 없어서, 씨
앗이 몸 안에 제 환경을 고스란히 담고 있듯, 스발바르의 환경을 그대로 비추어준다. 뒤베케가 보
기에 이는 환경을 반영하는 것 이상의 의미가 있다. "이 작품에 담긴 생각 혹은 아이디어 자체가 성
찰을 이야기하는 거예요. 거울을 볼 때 마주하는 얼굴은 바로 나 자신이며, 누구라도 해야 하는 일
이 있다면 바로 내가 해야 한다는 메시지인 거죠." 어둠이 가시지 않는 극야 동안 이 작품은 은은한
초록색과 청록색, 흰색으로 빛난다. 혹은 예술가의 말대로 "인류를 이끄는 등대의 불빛"을 발한다.
건축가가 그렸던 바로 그 보석이다.

뒤베케 산네와 그의 작품 영속적 파급은 2009년 노르웨이 조명상을 받았다.

4장 저장고 안으로

낭만적인 시선과 흥미로운 포장을 벗겨내고, 또 이색적인 장소와 목적을 잠시 제쳐두면, 스발바르 국제종자저장고는 그냥 평범한 터널, 씨앗을 보관해둔 산속의 굴이다. 그러나 직각의 콘크리트 쐐기 모양을 한, 자연 풍경에서 툭 튀어나온 출입구 바깥에 서서 바라보면 누구도 이곳을 단순한 터널로 생각할 수 없으며 이 구조물을 목적과 결의, 시대와 떼어놓고 볼 수 없다.

종자저장고의 모든 면이 단순하고 실용적이며 곧바로 실행해야 할 과제에 초점이 맞춰져 있지만, 동시에 더 큰 비전을 환기한다. 입구는 하나다. 몇 걸음 안 되는 철제 격자 다리를 지나면 바로 문에 이른다. 나무 없이 황량한 산등성이를 쓸어가는 바람이 다리 위아래로 매섭게 불면서 겨울에는 입구에 쌓인 눈을 치워준다. 건축가의 눈으로 보기에는 이 개념적 장치가 숭고한 의미를 암시하는 기능도 한다. 안에 보관된 종자가 농업과 인류를 위해 과거와 미래를 연결해준다는 사실을.

북향 입구는 바람을 받는 동시에, 스발바르의 짧은 여름 동안 남향이었다면 일어날지도 모를 미미한 온기 흡수 현상을 피한다. 저장고 뒤편으로는 숨이 멎도록 아름다운 바다와 산과 빙하의 파노라마가 펼쳐져 있다. 그보다 가깝지만 저장고 입구보다 훨씬 낮은 지평에 있는 공항과 항만이 육안으로도 보인다. 롱위에아르뷔엔은 동쪽으로 산 너머에 있어서 시야에 들어오지 않는다.

여러 요소가 결합해 종자저장고를 세울 최적의 위치를 정확히 가리켰다. 이상적으로는 접근하기 좋고 종자를 운반하기 쉽도록 롱위에아르뷔엔의 지적에 세워야 했다. 또 기존 도로 가까이에 지어야 했다. 스발바르에서는 도로를 새로 닦는 데 큰 비용이 들고, 환경 요인 때문에라도 새 도로를 내는 것은 피한다. 선택된 부지는 위성을 추적하는 스발사트 시설과 이어진 기존의 도로에 아주 짧은 도로만 연결하면 되는 위치에 있었다. 건설 부지는 화재나 폭발 위험이 있는, 그리고 향후 개발 지역으로 선정될지도 모를 탄층에서도 어느 정도 떨어진 곳이라야 했다. 더불어 어떤 문화

저장고를 건설한 현장 노동자들이 최초의 위탁 종자를 안으로 들여가는 모습.

129

유적, 역사 유적과도 충분히 먼 곳이라야 했다(곡괭이 쓰던 시절의 시설로, 보호구역으로 지정된 옛 탄광 입구가 근처에 있었지만 다행히 거리가 충분히 떨어져 있었다).

스발바르 종자저장고를 마주 보고 서면 너비 2.5미터 높이 8미터의 출입구 전면이 상상했던 것보다 작게 느껴지지만, 황량한 플라토베르게산을 배경으로 건축물의 형체가 선명하게 도드라진다. 출입구 건물에는 10킬로와트짜리 컴프레서(공기압축기)가 있는데, 여기에 연결된 파이프들이 터널을 따라 저장실까지 이어져 있다. 컴프레서는 몇 분마다 가동하면서 공기를 내보내고 빨아들인다. 입구 앞에 서 있으면 종자저장고 전체가 살아서 깊이 호흡하며 잠자고 있는 것처럼 느껴진다.

이 장치로 생성되는 차가운 공기는 얼음 산이 저장실에 제공하는 영하 5도의 천연 냉기를 더 차갑게 만든다. 현지에서 채굴된 석탄으로 생산하는 전력이 컴프레서에 동력을 제공한다. 초기 냉각 단계에서는 용량이 훨씬 큰(30킬로와트) 컴프레서를 추가로 들여와 입구 바로 옆에 설치했다. 이 대용량 컴프레서가 냉각을 촉진한 덕에 콘크리트와 아스팔트 공사 당시 터널과 저장실이 가열되어 일시적으로 녹았던 영구동토를 재빨리 복구할 수 있었다.

잠겨 있는 육중한 철문을 열면 출입구 통로로 들어서게 된다. 오른쪽의 층계로 내려가면 냉각 시스템의 컴프레서와 조명 작품에 동력을 전달하는 전기회로 장치가 나온다. 층계 바로 뒤에는 작은 예비 발전기를 보관해둔 콘크리트 광이 있다. 출입구 통로에서 똑바로 들어가면 문이 하나 나오는데, 정확히 산의 안쪽으로 들어가는 지점에 있다. 이 문을 열면 폭이 넓고 긴 터널이 한눈에 들어온다.

암석의 표층은 수천 년 동안 수없이 얼었다 녹았다 한 탓에 단단히 고정되어 있지 않아서, 터널 초입은 육중한 강철관으로 한 번 덧댔다. 이 얇고 불안정하며 조각난 암반과 흙으로 이루어진 표층 구간을 지나면 영구동토 구간이 나오는데, 여기서부터는 바위가 단단하다. 약 90미터 지점까지 살짝 아래로 경사진 터널 덕분에 종자가 담긴 상자를 손수레로 산속 깊숙한 곳까지 나르기 용이하지만, 짧은 여름 동안에는 눈 녹은 물로 생긴 습기에 영하의 온도까지 더해져 경사로가 미끄러워진다.

계절과 상관없이 방문객들은 종자저장고가 티끌 한 점 없이 깨끗한 무균 실험실이 아니라는 사실을 바로 알아차린다. 연구 시설이나 관광 명소로 설계된 곳이 아니다. 오로지 종자의 냉동 보관에만 초점을 맞춘 실용적 시설이다. 머리 위의 파이프는 차가운 공기를 종자가 보관되어 있는 가장 깊숙한 방까지 전달한다. 강철관으로 감싼 터널 구간을 지나 얼마간 나아가면 암벽이 나오는

캐리 파울러와 건설 현장 총괄 책임자 다그 브록스가 종자저장고에 여분으로 남겨둔 두 저장실 중 한 곳의 온도조절기를 살펴보고 있다. 이 방은 100년 혹은 그 이상이 지나야 사용하게 될 것이다.

데, 굴진기가 불규칙하게 깎은 암벽을 흰색 플라스틱 섬유 보강 콘크리트로 한 겹 도장해놓았다. 아주 환한 터널이다. 하지만 아무 장식도 없다. 이 터널 끝 오른편에는 직원들이 머물 때 사무실로 쓰는 작은 방과, 전기 장비와 전선을 보관해둔 방이 두 개씩 있다. 사무실 온도는 종자 표본의 반입과 반출 상황을 기록하기 위해 작업 환경이 가능한 수준까지는 높일 수 있는데, 이 작업은 스웨덴 남부에 본부가 있는 북유럽 유전자원센터(노르젠NordGen)의 직원들이 1년에 두어 차례 종자 배송 날짜에 맞춰 파견 나와 처리해준다.

스발바르 종자저장고에서는 수돗물이 안 나온다. 상주하는 직원도 변기도 없다. 이동식 간이 화장실이 하나 있는데 아무도 사용하지 않는다. 창문도 없는 추운 종자저장고에 하루 종일 앉아 꽁꽁 언 종자를 지키는 것은 꿈의 직업과 거리가 멀다. 다행히 그렇게까지 할 필요는 없다. 모든 것을 단순화하기, 저비용 유지하기, 시설이 인간의 지나친 개입이나 잠재적 오류에 가능한 한 노출되지 않고 사실상 스스로 작동하게 하기, 기계적 냉각 시스템이 고장 나더라도 알아서 온도가 유지되게 하기. 이러한 원칙이 스발바르 종자저장고를 오랫동안 안전하고 경제적으로 지속할 수 있게 하는 핵심이다.

터널은 사무실이 있는 구역에서 끝난다. 터널이 끝난 지점에 굳게 잠긴 이중문이 있다. 이 문

노르젠의 올라 베스
테니엔(앞)과 시몬 엡
손이 종자를 저장실
로 나르고 있다.

캐리 파울러(앞)와 올
라 베스테니엔이 새
로 도착한 종자를 선
반에 올리고 있다.

을 열면 산속 한가운데 자리 잡은, 입이 떡 벌어지도록 경이로운 동굴 같은 방이 나온다. 다른 방들보다 더 추운 이 거대한 방의 높다란 천장은 반짝거리는 조그만 얼음 결정으로 뒤덮여 있다. 이 방은 여기까지 연결된 긴 터널 구간보다 조명이 더 밝다. 나는 항상 이곳을 속으로 '성당실'이라고 불렀다. 이 방은 터널과 직각으로 배치되어 있는데, 종자 상자를 냉동 저장실에 넣기 전에 한데 모으는 집하장으로 쓰인다.

세계 곳곳에서 온 종자는 어떤 절차를 거쳐 저장실로 들어갈까?

전 세계 위탁자들이 보내온, 작은 포장 봉투에 담긴 종자로 가득 찬 상자들이 스발바르 롱위에아르뷔엔의 공항에 도착한다. 언뜻 절차는 단순해 보이지만, 그렇지 않다. 우리는 종자저장고 건설 작업에 착수하기 한참 전부터 가장 취약한 종자의 표본을 구하기 위한 계획을 세우고 있었다. 내가 세계작물다양성재단 대표로 있는 동안 우리 재단은 세계 각지의 작물 유전자은행에서 멸종 위기에 처한 고유 종자 표본을 찾아내고 있었는데 이 분야에서 가장 해박하고 헌신적인 전문가 중 한 명인 제인 톨이 합류해 프로젝트를 이끌었다. 재단은 2007년부터 꾸준히 주로 개발도상국의 시설들과 파트너십을 맺으면서 기술력과 운영 기금을 지원했고, 5년 동안 멸종 문턱까지 간 고유 작물을 8만여 종이나 구제했다. 상상이 가는가? 미주리식물원의 피터 레이븐이 이와 비슷한 생물다양성 구조 프로젝트 가운데 역사상 최대 규모일 거라고 말할 만큼 놀라운 성취였다. 이 표본들에서 채취한 신선한 새 종자를 바탕으로, 구제된 품종의 중복표본을 스발바르에 유치하기 위한 준비 작업이 진행되었다.

이 종자 표본 상자는 물론이고 스발바르 종자저장고에 배송되는 모든 표본을 정리하기 위해 올라 베스테니엔과 시몬 엡손을 포함한 노르젠 직원들 그리고 세계작물다양성재단의 어맨다 돕슨이 몇 달 앞서 위탁자들과 연락을 취한다. 이때 확인할 항목들, 예를 들면 위탁 조건 동의라든가 포장 수준 및 규격, 필수 기입 데이터, 배송비 부담 여부 등을 일일이 짚고 넘어간다. 그리고 나면 이제 물류 배송의 악몽이 시작된다. 전 세계에서 발송한 종자 상자들이 열대 국가의 공항 활주로에 너무 오래 방치돼 구워지는 일 없이 무사히 오슬로까지 도착했는지 확인하고, 일제히 화물수송기에 실어 롱위에아르뷔엔에 내린 다음 절차에 따라 처리해야 한다. 한 기관이 종자 한 상자를 위탁할 때마다 담당자가 스발바르로 와서 저장고 문을 열고 닫는 것은 비효율적이므로, 노르젠과 작물다양성재단은 매년 저장고를 열고 종자 표본을 보관하는 작업을 하는 시기를 정해 만나서 함께 일했다. 사나흘 정도 걸리는 이 작업은 주로 추운 겨울에 이루어진다.

비행기 수하물 분실은 흔한 일이지만, 지금까지 2291개의 상자가 종자저장고로 발송되어 모두 수취되었다. 완벽한 기록이다. 롱위에아르뷔엔에 도착한 상자 안에 종자가 잘 들어 있는지, 엉뚱한 물건이 들어 있지는 않은지 확인하기 위해 공항에서 엑스레이 검사대를 통과한다.

이름도 재치 있게 지은 배송회사 폴 포지션Pole Position(극 지점)이 공항에 도착한 표본 상자들을 트럭에 실어 저장고 입구까지 나른다. 여기서부터는 올라 베스테니엔 박사가 지휘하는 노르젠팀이 맡는다. 성격이 무던하고 말투가 나긋나긋하며 사명감이 강한 노르웨이의 젊은 과학자 올라는 개관 때부터 2015년까지 종자저장고에 있는 보물들의 관리를 맡았다. 시몬 엡손과 노르젠 직원 한두 명 그리고 나의 도움을 받아 올라는 조그만 손수레에 각각 400~500개의 종자 봉투가 든 밀봉된 상자들을 착착 쌓아 올리고는 터널로 끌고 간다. 컴퓨터 데이터베이스와 거기에 연결된 바코드 프린터가 각 상자에 붙일 라벨을 하나하나 뱉어내는데, 컴퓨터와 바코드 프린터는 저장실 바로 밖 성당실에 설치되어 있다. 컴퓨터 시스템이 각 상자가 저장실의 어디에 있는지, 구체적으로 어느 열의 어느 선반, 어느 위치에 있는지 정확히 기록한다. 위탁 기관과 종자저장고 관리부 양쪽 다 각 상자의 내용물을 기입한 목록을 가지고 있다. 위탁 기관은 추가로 상자에 담긴 각 표본의 원산지와 형질, 특질에 대한 구체적 정보도 가지고 있을 것이다. 이 정보의 대부분은 '제너시스Genesys'라는 온라인 국제정보시스템을 통해 일반인도 볼 수 있다.

성당실 저 안쪽에 저장실 세 개가 자리 잡고 있다. 터널의 왼쪽에 두 개, 오른쪽에 하나가 있는데 일부러 이렇게 배치한 것이다. 입구로부터 이어진 터널과 일직선으로 놓여 있는 저장실은 하나도 없다. 대신, 건축가의 지시에 따라 보안 조치로 암벽 한 군데를 움푹 깎아냈다. 시설 안에서 어떤 종류든 폭발이 일어난다면 충격파를 터널 양쪽에 위치한 저장실로부터 다른 쪽으로 꺾어 바깥으로 향하게 할 것이다.

종자를 보관한 저장실들은 실온이 가장 낮고 머리 위 암반의 질이 구조건전성에 비추어 가장 양호한 지점에 있다. 세 저장실은 똑같이 가로 9.5미터, 세로 27미터에 높이는 약 5미터이다. 이 중에 현재 사용 중인 방은 하나뿐이다. 아마 이 방 하나가 오늘날 세계 유전자은행들이 보관 중인 현존하는 작물다양성의 전부 혹은 거의 전부를 수용할 수 있을 것이다. 새로운 작물 품종이 계속 생겨나고 있고, 시간이 갈수록 유전자은행 컬렉션의 규모가 점점 커져 비록 속도는 광장히 느리겠지만 종자저장고에 안전 중복표본이 계속 예치될 것이다. 어쩌면 우리는 어떤 작물의 종자는 표준 규정인 영하 18도가 아닌 다른 온도가 최적의 보존 조건이라는 사실을 발견하게 될지도 모른다.

차가운 석벽의 요새에 보관된, 종자로 가득한 상자들.

134

그렇게 되면 나머지 저장실 중 하나를 다른 온도로 설정해 가동해야 할 것이다. 내가 보기에 세 번째 저장실은 영원히 사용하지 않게 될 듯하다. 지금으로부터 1000년이 지나도 공실로 남아 있을 것 같다. 이 여유 공간은 만일의 사태에 대비해 존재한다.

세 저장실의 입구는 열쇠로 여는, 에어로크식 잠금장치가 달린 이중문으로 되어 있다. 종자들은 셋 중에 '2번 저장실'이라는 창의적인 이름이 붙은 가운데 방에 보관되어 있는데, 유일하게 기계장치로 온도를 일부러 더 낮춘 방이다. 성에가 낀 바깥쪽 문은 안에 뭐가 있는지 알 수 있는 단서를 준다. 우리는 안쪽 문과 바깥쪽 문 중 어느 하나라도 열려 있으면 절대 뭉그적거리지 않고 최대한 잽싸게 드나든다. 에어로크 장치는 종자를 보관하거나 회수하러 드나들 때 안의 차가운 공기가 빠져나가지 않게 하는데, 아무리 애를 써도 이 저장실의 몹시 찬 공기는 암벽과 단단한 강철문을 뚫고 밖으로 빠져나가 제 입김이 닿는 모든 것을 얼려버린다.

세 저장실은 물론 성당실과 터널에도 각기 다른 간격으로 암벽에 센서를 매립했다. 지점별로 산속의 온도를 측정하기 위해서다. 이 온도는 주기적으로 확인되고 기록되는데, 이례적인 변화가 발생하면 바로 알아채고 바위가 온도를 어떤 패턴으로 유지하는지 관찰하기 위함이다. 산속으로 100미터 이상 들어가면 온도가 더 느리게 변화한다. 종자를 보관한 방에서는 우리가 온도를 인위적으로 낮출 때 말고는 지금까지 온도 변화가 관측된 적이 없다.

2번 저장실에 들어가면 높다란 선반이 열 지어 늘어서 있다. 안은 어금니를 악물 정도로 춥고, 찬 공기를 내뿜는 환기 팬들이 냉각 효과를 더한다. 선반 사이의 통로를 돌아다니면 경이로운 동시에 긍정적 확신이 느껴진다. 위탁 기관들이 상자 하나하나에 식별 라벨과 로고를 부착해 보낸 덕에, 얼마나 많은 나라들이 종자 보호 노력에 동참하고 있는지 한눈에 알 수 있다. 아주 폭넓은 지정학적, 정치적 스펙트럼이 드러난다. 미국과 러시아의 유전자은행에서 보낸 종자들. 대한민국에서 보내온 상자들. 그 옆에 나란히 보관된 북한에서 보내온 어두운 자홍색의 묵직한 나무 상자들. 단풍잎 국기가 붙어 있는, 캐나다에서 온 십여 개의 상자. 시리아와 멕시코, 필리핀, 에티오피아, 콜롬비아, 페루, 인도, 케냐, 나이지리아, 코트디부아르 등 세계 주요 농업국의 연구 센터에서 보내온 상자도 있다. 그뿐 아니라 그리스, 나이지리아, 네덜란드, 노르웨이, 대만, 덴마크, 독일, 러시아, 말리, 몽골, 미국, 미얀마, 방글라데시, 베냉, 부룬디, 불가리아, 브라질, 수단, 스웨덴, 스위스, 아르메니아, 아이슬란드, 아일랜드, 아제르바이잔, 에콰도르, 오스트레일리아, 오스트리아, 우간다, 우즈베키스탄, 우크라이나, 이스라엘, 이탈리아, 인도네시아, 일본, 잠비아, 조지아, 중국, 체

세계 각국에서 위탁한 종자 상자들.

코, 칠레, 케냐, 코스타리카, 타지키스탄, 태국, 파키스탄, 페루, 포르투갈, 핀란드, 필리핀에서 추가로 보낸 상자들도 있다. 이 저장실에는 에얼룸 채소 품종을 보전하려고 애쓰는 농부들의 최대 조직 '씨앗을 나누는 사람들'이 위탁한 컬렉션도 상당량 보관되어 있다. 페루의 토착 공동체 여섯 곳이 공동 운영하는 감자 공원에서 보내온 표본 750개도 있다. 또 다른 선반에는 이탈리아의 파비아 대학에서 보낸 것으로 이탈리아 곡물 수프 요리 폴렌타의 원료로 귀한 취급을 받는 옥수수가 있다. 현재 영리회사가 소유한 종자 표본은 하나도 없다. 종자 표본을 장기적으로 보관하려는 영리회사는 별로 없어서, 그들이 스발바르 종자저장고 같은 시설에 자기네 종자의 백업본을 위탁할 이유도 없다.

내가 아는 유전자은행들, 최소한 일정 규모 이상의 유전자 은행들은 거의 다 여러 국가에서 수집한 종자를 보유하고 있다. 필리핀에 있는 국제미작연구소IRRI는 110개국에서 수집한 쌀 표본을 보유하고 있다. 위탁 기관과 그들이 종자를 수집한 국가 목록보다 더 놀라운 것은 종자 표본 원산지에 대한 '호구조사'이다. 오늘날 스발바르 종자저장고는 실질적으로 지구상의 거의 모든 국가에서 수집된 작물 표본을 보유하고 있으며, 그중에는 더는 처음 데이터베이스에 기입된 국가 형태

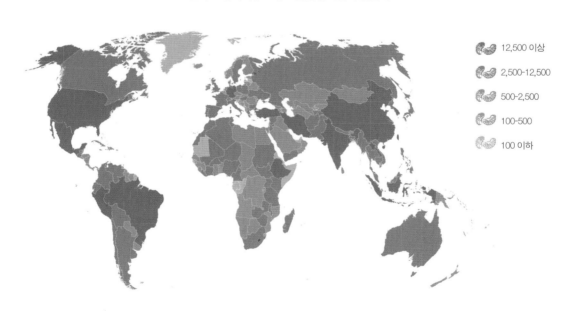

스발바르 종자저장고에 보관된 종자들의 원산지

12,500 이상
2,500-12,500
500-2,500
100-500
100 이하

출처 : 북유럽 유전자원센터

로 존재하지 않게 된 위탁 주체도 여럿 있다. 키리바시공화국이나 나우루공화국 같은 작은 섬나라 몇 개는 목록에서 사라졌다. 교황청(바티칸)도 없다. 그러나 앞의 지도가 보여주듯, 스발바르 종자 저장고는 활동 규모에서도 상대하는 국가 규모에서도 진정 세계적이다. 이렇게 많은 나라가 참여한 긍정적이고 협력적이며 미래 지향적인 프로젝트를 어디서 또 볼 수 있겠는가?

세계의 작물다양성을 수집하고 안전하게 보호하는 종자저장고는 여전히 제 임무를 수행하고 있다. 2015년 가을 기준, 운영을 개시한 지 7년 만에 88만 개가 넘는 작물 품종 혹은 작물군이 위탁되었다. 약 5억 개의 종자, 40톤에 달하는 분량이다.

종자저장고의 굳게 잠긴 문, 그 너머에 쌓여 있는 밀폐된 상자들, 그 안에 담긴 밀봉된 봉투들, 또 그 안에 담긴 작물다양성의 갈수록 커지는 규모가 얼마나 어마어마한지 말로 전달하기는 어렵다. 지면에 정확한 수치를 밝히기도 쉽지 않다. 끊임없이 표본이 추가되어 개수가 계속 바뀌기 때문이다. 여기에 수천수만 개의 표본이 더 추가된 뒤에야 위탁 요청이 수그러들기 시작할 것이다. 하지만 스발바르 종자저장고에 관한 책이라면 수치를 대강이라도 제시해야 한다고 생각한다. 건물이 이국적이고 경이로워 보이는 만큼이나 저장고에 담긴 다양성은 더더욱 이국적이고 경이롭다. 그것은 작물 수의 다양성이자 작물 품종의 다양성이기도 하다.

예를 들면 지금 스발바르 종자저장고에는 밀과 쌀이 각각 15만 4000여 종류, 보리 7만 5000여 종류, 수수 4만 7000여 종류, 옥수수 3만 5000여 종류, 콩 3만 3000여 종류, 병아리콩 2만 9000여 종류, 대두 표본 2만 2000여 종류, 그리고 비슷한 숫자의 진주조 표본이 저장되어 있다. 여기에 광저기(블랙 아이드 피'라고도 한다) 1만 7000여 종류, 땅콩 1만 5000여 종류, 잠두(페이바 콩) 8000여 종류, 녹두 8000여 종류, 그리고 4000여 종류의 양상추와 3000종류가 넘는 토마토, 3700여 종류의 감자 표본이 보관되어 있다. 아, 물론 감자는 종자를 얻기 어려운 특성이 있어 다른 형태로 보존되지만 말이다. 풀완두(내가 제일 좋아하는 채소 중 하나이며 미래 식량을 위해 중요한 작물이기도 하다) 1000여 종류, 순무 2500여 종류, 후추 2500여 종류, 오이 2000여 종류, 그리고 말과 소의 꼴로 사용하는 왕포아풀도 1100종류 넘게 있다.

스발바르 종자저장고가 보관 중인 모든 작물의 목록을 행갈이 없이 죽 연결해 입력하면 55쪽에 달한다. 우리 귀에 익숙한 작물 외에 내게는 대부분 생소한 다채로운 이름의 작물도 보관되어 있어서 뿌듯하다. 투구꽃(바곳류), 배초향, 멕시코양귀비, 가는갯는쟁이, 구주냉이, 왕바랭이, 몰몬티, 주름구슬냉이, 골무꽃…… 이밖에도 수없이 많다. 이렇게 많은 작물, 이렇게 많은 다양성이 존

숫자로 본 스발바르 국제종자저장고

고유 종자 표본*	881,473
종자 수**	563,272,050
속屬	946
종種	5,128
원산 대륙	8
원산 국가	233
위탁 기관	66
종자 위탁 횟수	171
위탁자가 회수해 간 표본	38,073

* 2016년 초 기준(나중에 중복표본을 종자저장고에 재예치하기 위해 위탁자에게 돌려준 표본도 포함)
** 추정치

재하는 줄은 아마 여러분도 몰랐을 것이다. 그런데 더 많은 종자가 스발바르로 오고 있다. 얼어붙은 산 깊숙이 묻혀 있는 스발바르 종자저장고는 보관 중인 종자들을 우리와 후손이 사용 가능하도록 보장함으로써 이 모든 작물종의 멸종을 막고 있는 셈이다.

지구온난화와 관련해 가정할 수 있는 최악의 상황이 닥치더라도, 노르웨이 기상연구소에 따르면, 저장실 세 곳 모두 향후 200년까지는 자연 냉동 상태로 남아 있을 것이다. 또 그 이상 상상해볼 수 있는 먼 미래에도 굉장히 춥고 완전히 열이 차단된 채로 남아 있을 것이다. 저장고의 온도 센서가 다가올 온난 기후에 대비해 몇 년 앞서 경고 신호를 보낼 것이며, 만약 냉각장치가 오작동할 경우 일어날 변화가 암벽의 단열력과 저장고 내부 온도에 어떻게 영향을 줄지 계산하는 데 필요한 자료를 제공할 것이다.

그러므로 스발바르의 종자저장고는 어떤 사태가 발생하든, 절대적 의미로도 상대적 의미로도, 세상에서 가장 안전하고 신뢰할 만한 종자 보관 조건을 갖춘 최적의 시설이다. 2번 저장실의 극한의 냉기는 방을 둘러싼 단단한 사암으로 몇 미터나 깊이 스며들었고, 덕분에 벽 자체가 저장실의 단열 장치가 되었다. 냉각장치가 고장 나서 온도가 영하 18도에서 서서히 영하 5도(이 부근의 외부 기온)까지 올라간다 해도, 시설 내부는 춥고 종자는 냉동된 채로 남아 있을 것이다. 따라서 종자가 해를 입기 전에 기계장치를 손볼 시간이 충분히, 적어도 몇십 년은 주어질 것이다. 노르젠이 원래 근처 탄광에 보관했던 백업 컬렉션은 냉각장치가 고장 난 스발바르 저장고를 가정했을 때보

종자를 보관한 방은 종자저장고 안쪽 깊숙이 자리 잡은 커다란 성당 같은 홀을 지나야 들어갈 수 있다.

새로 온 종자를 영하 18도의 저장실에 넣기 전에 이곳에서 바코드를 붙인다. 왼쪽부터 이 책의 추천사를 쓴 피터 크레인 경, 국제식물원보존연맹 총재 폴 스미스, 지은이 캐리 파울러.

다도 조금 더 기온이 높고 조금 덜 이상적인 조건에서 25년 넘게 있었다. 그 사이에 이 컬렉션에서 눈에 띄게 활력이 떨어진 종자는 없었다.

스발바르 종자저장고에는 이중 삼중의 보안 시스템이 있다. 그중 가장 중요한 장치는 외진 곳에 있다는 입지 조건 자체이다. 여기에 더해 잠금장치가 달린 문, 움직임 감지 장치, 화재 및 연기 감지 장치, 가스 감지 장치, 카메라, 경보 장치, 기타 여러 보안 장치가 설치되어 있다. 기계로 저장고 내부 온도뿐 아니라 가스(메탄, 라돈, 산소) 레벨도 상시 모니터하며 롱위에아르뷔엔 지방정부에 데이터를 전송한다. 믿을 만한 지역 경찰과 수시로 순찰하는 해안경비대도 있다.

무엇보다 스발바르 종자저장고는 고의적 적대 행위의 목표물이 될 가능성이 적다. 게다가 조금이라도 이상한 낌새가 보이면 알려주려고 감시의 눈을 거두지 않는 지역사회 주민들도 있다. 그럼에도 우리는 나쁜 일은 얼마든지 일어날 수 있으며 우리도 늘 대비해야 한다는 것을 잘 알고 있다.

종자에 직접 접근하려는 사람은 누구든 최소 다섯 개의 잠긴 문을 통과해야 한다. 열쇠들은 각 단계마다 다 다르게 암호화되어 있다. 열쇠로 모든 문을 열 수 있는 것은 아니며, 어떤 문은 숫자가 조합된 비밀번호를 눌러야 한다. 모든 저장실 출입 상황은 자동으로 컴퓨터에 기록된다.

저장실은 입구에서 수평으로 130미터 이상 들어간 지점에, 수직으로는 산 정상의 표면에서 60미터 이상 내려간 지점에 있다.

"스발바르 종자저장고가 핵폭탄을 맞고도 살아남을 수 있어요?" 우리가 흔히 받는 질문이다. 물론 일어날 가능성이 몹시 희박한 시나리오다. 종자저장고는 어느 핵무기 보유국의 타격 대상도 아니며, 빗나간 미사일 한 발이 하필 스발바르제도에 떨어져 플라토베르게산을 명중시키는 일은 상상하기 힘들다. 나는 그런 질문에 항상 우스개로 폭탄이 얼마나 크냐에 달렸다고 대답한다. 종자저장고가 피해를 입거나 파괴되는 시나리오는 얼마든지 상상해볼 수 있다. 인간의 정신은 창의적이고 할리우드 덕분에 우리는 불가능한 상황마저 시각적으로 떠올릴 수 있게 되었으니 말이다. 스발바르 종자저장고를 포함해 지구상의 어떤 구조물도 백 퍼센트 완벽하게 안전할 수는 없다. 다만 분명한 사실은, 스발바르 종자저장고 안에 들어가 본 위탁자와 과학자, 기자, 정치인 중에 위탁된 종자의 안전을 의심한 사람은 한 명도 없다.

운영 정책과 관행

보안은 방공 시설, 강철 문, 튼튼한 자물쇠, 움직임 감지 장치, 물리적 출입 제한 장치 등을 갖추었다고 다가 아니다. 오히려 시설의 효율적 운영, 위험 회피와 사고 방지, 합리적 수준의 비용 유지가 더 중요하다. 스발바르 종자저장고의 운영 체계는 종자의 수명 보장, 위험도 및 비용의 최소화를 염두에 두고 개발되었다.

우리는 스발바르 종자저장고를 기획하고 설계하면서 애초에 인간의 개입을 최소화한, 거의 스스로 돌아가는 구조와 운영 체계를 구상했다. 이는 안전과 지속성을 보장하기 위해 매우 중요한 부분이다. 종자는 매일 관리할 필요가 없다. 밀폐된 상자 속 포일 봉투에 냉동 상태로 들어 있는 종자에 어떤 조치도 더 할 필요가 없다. 냉각 시스템은 그저 상시 가동되기만 하면 된다. 크고 작은 관리 업무는 스발바르에 파견 나와 있는 스타츠뷔그 직원들이 맡고 있는데, 토르 스베레 칼센과 벤테 나에베르달이 공동 책임자로 서로 도우면서 잘해내고 있다. 스타츠뷔그의 톰 오레달은 롱위에아르뷔엔에 있는 자기 사무실에서 일주일에 몇 번씩 종자저장고로 차를 몰고 가 시설이 구석구석 잘 돌아가는지 눈으로 점검한다. 저장고의 전자 시스템이 어떤 형태든 경보를 보내면 스타츠뷔그가 밤이든 낮이든 즉시 출동한다. 그뿐 아니라 냉각 시스템과 보안 시스템도 롱위에아르뷔엔에 있는 대학 센터인 UNIS에서 원격 감시한다. 덕분에 종자저장고는 상주하는 직원이 없어도 훌륭한 수준으로 관리되고 있다. 밀봉된 채 잊힌 '타임캡슐'이 결코 아니다.

스발바르 종자저장고의 보관 서비스는 무료로 제공된다. 위탁을 하는 유전자은행은 스발바르까지 배송비를 부담해야 하며, 필요하면 반송 비용도 내야 한다. 그러나 세계작물다양성재단이 개발도상국과 세계 각지의 농업연구소를 대신해 종자 포장과 배송 비용을 부담해왔다. 스발바르에 위탁된 전체 종자의 75퍼센트가 이런 경우이다.

종자저장고의 서비스는 은행 안전금고 서비스와 비슷하다. 은행이 건물과 보관실을 소유하고 위탁자들이 자기네가 맡긴 내용물을 소유하듯, 스타츠뷔그가 시설을 '소유'하고 위탁 유전자은행들이 종자를 소유하는 것이다. 각 위탁자는 노르웨이 정부를 대변하는 노르젠과의 위탁 합의서에 서명한다. 여기에는 노르웨이 정부가 위탁된 표본에 대한 소유권을 주장하지 않으며 소유권은 온전히 위탁자에게 있고 해당 위탁자가 종자저장고에 있는 물건에 배타적 권리를 갖는다고 명시돼 있다. 소유권 이전은 없으며, 종자와 관련된 물리적 상태와 지적재산권에 어떤 변동도 일어나지 않는다. 누구도 스발바르의 종자저장고에 보관되어 있는 남의 종자에 접근할 수 없다. 종자가 반출되는 경우는 오직 원래의 위탁자, 즉 종자 소유주에게 돌아가는 경우뿐이다. 이외에는 위탁 기관만이 다양성 표본에 대한 접근을 직접 관리하며 위탁한 종자 표본의 원본을 유지한다. 식량과 농업을 위한 식물유전자원에 관한 국제조약에 조인한 135개국과 유럽연합에게는, 대개 이 조약이 약관으로 작용한다. 이 조약에 조인하지 않은 민영 기관은 별도의 조치를 취하지 않는 한 이 약관에 얽매이지 않는다.

이러한 운영 방침들은 재산권과 관련한 논쟁과 혼란을 피하기 위해, 그리고 종자저장고의 운영 비용을 최소화하기 위해 정한 것이다. 세계 각지의 유전자은행이 보유한 작물다양성은 국제조약의 약관에 따라 이용 가능하다. 따라서 이용자는 가까운 곳에 위치한 유전자은행을 이용할 수 있으며, 해당 은행은 그 요청을 처리해준다. 스발바르 종자저장고는 애초에 연구자나 식물 육종가 또는 농부에게 종자 공급자 역할을 하려고 설립된 게 아니다. 육종가와 연구자 들은 유전자은행의 고객이고, 유전자은행들은 세계 모든 종자 보호 시설 가운데 스발바르 국제종자저장고의 주 고객, 유일한 고객이다.

대부분의 종자는 래미네이트 가공을 한 방습 밀폐 포일 봉투에 넣어 밀봉하는데, 노르젠은 자기네 표본 중 일부를 밀폐 유리관에 넣었다. 포일 봉투는 전 세계 유전자은행에서 건조 종자를 장기 보관하는 데 흔히 사용된다. 세계작물다양성재단은 영국 회사와 합작해 스발바르 종자저장고에서 쓸 튼튼한 봉투를 새로 디자인했다. 이 포일 봉투는 래미네이트 가공한 재료를 여러 겹으로 겹쳐 만들었는데, 그중 한 겹이 알루미늄으로 만들어져서 밀폐력이 뛰어날 뿐 아니라 구멍도 잘 안 난다. 종자저장고가 개관하기 전에 작물재단은 각국의 유전자은행과 개발도상국에 공급하려고 이 봉투를 30만 개 구입해두었다. 유전자은행 운영자들은 이 상품을 봉투계의 '롤스로이스'라

고 부른다. 그중에는 봉투의 시제품을 '발로 짓밟기' 테스트까지 해본 뒤에야 구입 신청을 한 사람도 있다. 그는 봉투에 종자를 넣고 밀봉한 다음 그걸 바닥에 내던지고 발로 쾅쾅 밟아 봉투가 터지는지, 그리고 씨앗이 봉투 안쪽에 구멍을 내는지 확인했다고 한다. 봉투는 합격했다.

종자를 담은 봉투는 다시 상자에 넣는다. 주로 플라스틱 상자를, 때로는 두꺼운 마분지 상자 또는 나무 상자를 이용한다. 작물재단은 재활용지로 만든 튼튼한 상자 수천 개를 사들여 세계 여러 나라와 기관에 공급했다. 활용도 높은 이 64리터들이 상자는 크기와 중량에 딱 맞춰 설계한 선반에 안정감 있게 쌓을 수 있다. 재질도 매우 질기고, 영하의 온도에도 끄떡없이 견디는지를 알아보는 시험을 통과한 상자다.

보통은 각각 종자 500개 정도가 들어간 표본이, 종자 크기에 따라 상자 하나에 400~500개 들어간다. 2번 저장실이 표본 150만 개, 그러니까 우리가 지구상에 존재한다고 추정하는 고유 품종의 최대치에 가까운 개수로 꽉 찬다고 치면, 이 저장실 하나가 무게 80톤에 달하는 10억 개의 종자를 보유하는 셈이 된다. 그럴 경우 오슬로를 거점으로 활동하는 스발바르 종자저장고의 전 관리팀장 올라 베스테니엔과 후임 오스문 아스달, 그리고 팀원들은 허리가 부러지도록 상자를 날라야 한다! 위탁자는 스발바르에 보내기 전에 상자를 밀봉한다. 사전 협의에 따라 이 상자들은 노르웨이에서 식물 검역을 받지 않고 통과된다. 종자저장고 관련자라 해도 절대 상자를 열어보지 않는다. 최초 밀봉된 상태로 뜯기지 않고 남아 있다. 냉동보관 서비스 제공자에게 내용물이 보이지 않고 접근도 허용되지 않기에, 우리는 이 상자들을 '블랙박스'라고 부른다.

상자가 밀봉되어 있기는 하지만, 물건을 받는 종자저장고 측은 내용물의 정체를 알고 있다.

종자저장고 건설 당시의 2번 저장실. 온도를 더 빨리 영하 18도로 낮추기 위해 보조 냉각장치를 들여왔다.

스발바르로 발송하기 전에 위탁자가 각 표본에 대한 상세한 정보를 제공하기 때문이다. 위탁 보관되는 표본에 대한 데이터베이스는 종자저장고뿐만 아니라 노르젠의 스웨덴 본사에도 저장된다. 위탁자와 표본, 원산국 등에 관한 정보는 노르젠이 관리하는 종자저장고 '포털' 사이트인 http://www.nordgen.org/sgsv/에서 열람이 가능하다. 게다가 세계작물다양성재단은 여러 기관과 협력하여 제너시스라는 종합 데이터베이스 사이트(http://www.genesys-pgr.org)를 만들어 훨씬 상세한 정보에 접근할 수 있게 했다. 각 유전자은행들은 종자에 대한 더 많은 정보를 알고자 자기네 표본을 주기적으로 시험하고 점검하는데, 이 정보가 개별 유전자은행의 데이터베이스에 추가되면 제너시스에도 곧 반영된다. 이 작업은 끝이 없다. 하지만 한 유전자은행, 더 심하게는 어느 한 지역에 재난이 발생할 경우에도 최소한 어떤 종자의 표본이 스발바르 종자저장고 어느 위치에 보관되어 있는지 알 수 있을 테고, 각 표본의 구체적 특질에 대한 데이터도 무사히 보존될 것이다.

　스발바르 종자저장고처럼 이상적 조건을 갖춘 시설에 보관된 종자는 기대수명이 무척 긴데, 이런 표본의 수명이 다하고 나면 해당 종자의 품종이 모두 사라지는 것일까? 물론 최적의 조건에서 보존된 종자도 결국 사멸하는 것은 사실이다. 그러나 스발바르 종자저장고는 위탁자가 종자를 넣고 돌아서서 잊어버리는 타입캡슐이 아니다. 제대로 돌아가는 유전자은행들의 백업 시스템이다. 현재 운영되는 유전자은행들이 보유한 종자들은 아래의 표에 제시된 한계수명까지 도달하지 못한다. 유전자은행은 수수 표본을 2만 년 동안 보관하지 않으며 양상추 표본을 75년 동안 보관하지도 않는다. 이곳의 종자 보유분은 작물 육종가와 연구자 들이 가져다 쓰느라 수명이 다하기 훨씬 전에 바닥나기 때문이다. 그래서 유전자은행은 잔여 보유분에서 신선한 새 종자를 주기적으로 증식해둬야 한다.

몇몇 작물의 예상 수명

작물	습도 5퍼센트, 기온 영하 20도 조건에서 보관했을 때의 예상 수명(단위는 년)
보리	2,061
병아리콩	2,613
동부콩	5,342
양상추	73
옥수수	1,125
양파	413
콩pea	9,876
펄 밀렛	1,718
쌀	1,138
수수	19,890
대두	374
해바라기	55
밀	1,693

* 출처 : H. W. 프리처드 · J. B. 디키, 〈종자 수명 예측하기: 종자 활력 공식의 사용과 남용〉, 디키 스미스 외, 《종자 보전: 과학을 실천으로》, 영국왕립식물원, 2003.

대부분의 유전자은행은 자기네 시설에 보유한 종자의 활력을 주기적으로 모니터한다. 종자가 (발아율이 본래의 85퍼센트 이하로 떨어지면서) 활력을 잃기 시작하면, 표본에서 종자를 조금 꺼내 파종한 뒤 여기에서 수확한 신선한 새 종자로 유전자은행의 품종 표본을 보충해야 한다. 이는 관리 규정에 구체적으로 명시되어 있다. 왜 그럴까? 그 종자는 어느 한 농부의 밭에서 채집한 작물 표본의 대표 종자일 수 있고, 이 밭은 해당 작물의 여러 품종을 보유하고 있었을지 모르기 때문이다. 또 대개는 보유하고 있기도 하다. 하나의 표본에서 종자 몇 개가 다른 종자들보다 먼저 죽기도 하는데 이는 보존 가치가 있는 희귀 형질과 관련된 현상일 수 있다. 한 표본의 발아율이 감소하면 고유 형질들이 소실될 위험이 커진다. 그래서 제대로 운영되는 유전자은행은 꼼꼼하게 발아율을 모니터하며, 필요한 경우 보관 중인 종자를 파종해 신선한 종자를 얻는다.

스발바르 종자저장고를 이용하는 유전자은행들은 이렇게 얻은 신선한 새 표본을 스발바르에 보낸다. 스발바르 종자저장고가 비할 수 없이 훌륭한 환경을 제공하기에, 여기 보관된 종자 표본은 내로라하는 전통적 유전자은행들보다도 활력이 더 천천히 감소한다. 이런 이유로 종자는 주기적으로 그리고 시기적절하게 '갱신'되며, 스발바르 종자저장고는 언제고 필요할 때를 대비해 품질 좋고 건강한 표본을 준비해놓고 있다.

유전자은행들은 기존 보유분을 갱신할 때마다 스발바르에 중복표본을 보낸다. 이는 시간을 들일 가치가 있는 일인데, 질 좋고 건강한 종자가 적절한 비율을 차지하는 표본들로 스발바르 종자저장고를 채워주기 때문이다. 위탁자로부터 새 종자를 받아 완전한 표본 세트를 완성하기까지 몇 년이 걸리기도 한다. 어떤 면에서 이 작업은 영원히 끝나지 않을 것이다. 그렇다 해도 전 세계의 작물다양성 가운데 상당 부분이, 장담컨대 주요 작물의 다양성 가운데 대부분이 이미 스발바르에 안전하게 보관되어 있다고 할 수 있다.

스발바르 종자저장고는 한 가지 품종의 중복표본을 여러 개 저장하지는 않을 방침이다. 하나만 저장해도 충분하다. 유전자은행들은 이미 스발바르에 보관되어 있고 다른 위탁자를 통해서도 사용 가능한 표본은 또 보내지 말라고 주의를 받는다. 스발바르 종자저장고가 유전자은행들이 보유한 모든 고유 작물의 표본을 하나씩 저장할 여력은 되고도 남지만, 무한한 개수의 중복표본을 저장하기에는 공간이 충분치 않다. 그럴 필요도 없고 말이다. 스발바르에 표본을 위탁한 종자은행들은 자기네 시설에도 표본을 하나씩 가지고 있을 테고, 이는 각 고유 품종이 최소 두 군데에서 보호받고 있다는 뜻이다. 보안과 접근성을 최대화하기 위해서는 세 곳에서 보관하는 게 이상적이긴 하다.

스발바르 종자저장고는 식량이나 농업과 관련이 없는 식물의 표본은 받지 않는다. 왜일까?

첫째, 우선순위를 둬야 하는데 그러려면 선을 그어야 한다. 농업 작물다양성'만' 보전하는 일만 해도 버겁다. 둘째, 식량과 농업을 위한 식물유전자원과 관련해서는 국제법의 틀이 마련돼 있어서 종자저장고를 모두에게 두루 도움 되도록 효과적으로 운영할 수 있다. 그렇기에 스발바르에 있는 모든 표본이 각 위탁 기관의 '소유'일지언정, 경우에 따라 다른 조항이 적용되긴 해도 위탁자로부터 현장 보유분을 직접 얻을 수 있다. 반면에, 예를 들어 약용 작물에 대해서는 협력이나 표본의 이전을 용이하게 해줄 비슷한 법적 규정이 마련돼 있지 않다.

비슷한 이유로 스발바르 종자저장고는 다른 식물, 이를테면 열대우림에서 자라는 식물 수천종의 종자는 보관할 수 없거니와 책임을 질 수도 없다. 그런 식물에 대해서는 유전자은행들도 컬렉션을 별로 보유하고 있지 않다. 영국 큐 왕립식물원의 밀레니엄 종자은행은 그래서 의미가 있으며 중대한 예외 사례. 큐 식물원과 다르게 스발바르 저장고는 원래의 위탁분이 저장실에서 활력을 잃기 시작할 때 해당 종자들을 연구하고, 기록하고, 혹은 주기적으로 재배해서 신선한 보충분을 채취하거나 표본에 접근할 수 있게 해줄 사정이 못 된다. 대신 스발바르제도 토종식물 88종을 포함해 2008년에 수집한 50만 개의 종자를 보유하고 있다. 이 중에 20종이 '적색 목록'(세계자연보전연맹IUCN이 2~5년마다 발표하는 멸종 위기 동식물 실태 보고서—옮긴이)에 올라 있다. 즉 멸종 고위험군에 해당한다.

종자저장고에 어떤 종자를 보관하고 어떤 종자는 보관하지 않을지 결정할 때 미래 세대를 위해 어떤 다양성이 보전할 가치가 있는지를 따져보지는 않는다. 그런 판단은 월권이며, 위험하다. 종자저장고는 안전한 방식으로, 장기간 다양성을 보전한다. 자기가 미래를 내다볼 수 있어서 어떤 종이 살아남고 살아남지 못할지, 그리고 미래의 기후 조건에서 살아갈 다음 세대에게 어떤 종이 유용하고 유용하지 않을지 안다고 떠벌리는 사람은 어리석은 사람이다. 종자저장고는 중립을 유지하려고 노력해왔고, 이런 태도만이 정직하고 과학적으로 타당한 접근 방식이다.

스발바르 종자저장고에 유전자 변형GMO 종자도 보관되어 있는지 궁금해하는 사람이 많다. 스발바르에 유전자 변형 종자는 없다. 이는 중립성 원칙에 어긋날지 모르지만, 노르웨이의 법이 종자저장고 건설 이전에 GMO 종자의 반입과 저장을 사실상 금했기에(종자저장고 건설 때문은 아니다) 필요한 예외 조치다. 그러나 대부분의 유전자은행 컬렉션은 GMO 기술이 발달하기 이전에 만들어졌고 GMO 작물 표본은 분명 시설들에 보관된 전체 표본의 1퍼센트에도 한참 못 미치기 때문에, 위탁자들은 스발바르에 보낼 만한 GMO 종자가 매우 적었거나 혹은 아예 없었을 것이다.

GMO에 반대하든 찬성하든 스발바르 종자저장고의 중요성에 대해서는 대부분 의견이 일치한다. 양측이 똑같이 작물다양성의 중요성을 인정하며, 이유는 서로 다를지라도 똑같이 다양성을 보전하고 싶어 한다. 농업이나 진화에 대해 조금이라도 배웠다면 어느 누가 다양성 보전에 반대할까? 오랜 시간이 지나면 GMO 논의에서 어느 쪽이 옳았는지 드러날 것이다. 어느 쪽이든 스발바르 종자저장고가 농업의 생물학적 근간을 보호해온 것을 다행으로 여길 것이다.

어쩌면 모 언론 매체가 초기에 '종말의 날 저장고'라고 불러서, 더불어 워낙 접근이 어렵고 깊은 산중에 '숨어' 있다는 이유로, 스발바르 종자저장고를 둘러싼 음모론이 적잖이 등장했다. 음모론은 보통 너무 끔찍한 일이 일어났는데 타당한 논리로는 설명이 안 될 때 등장한다. 안타깝게도 종자저장고 건립처럼 긍정적인 일도 편집증에 가까운 반응을 불러일으킬 수 있음을 나도 이번에 알았다. '그렇게 좋은 일이 진실일 리 없잖아?'라고 생각하는 것이다. 우리가 사는 세상은 이리도 냉소적이고 의심에 차 있으며, 설상가상으로 인터넷이 온갖 불안과 분노의 목소리를 증폭시킨다.

제일 먼저, 종자저장고가 세상의 종말을 2012년 말로 예측한 고대 마야력과 관련 있다고 주장하는 무리가 나타났다. 그런데 2012년에는 아무 일도 없었다. 그다음엔 저장고가 히틀러가 전 세계를 상대로 꾸민 우생학 음모의 핵심이라고 주장하는 무리가 나타났다. 농담 아니다. 그러더니 NATO의 극비 시설이라는 소문도 돌았다.

마지막으로, 종자저장고가 몬산토를 끌어들였다는 비난이 인터넷에서 들끓었다. 몬산토 사가 스발바르 종자저장고의 설립 자금을 댔으며(대지 않았다, 단 한 푼도) 노르웨이를 비롯한 수많은 국가는 물론이고 전 세계에서 셀 수 없이 많은 기관과 과학자 들이 참여한 이 노력이 종자를 수집

시리아에 본부가 있었던 국제건조지역농업연구센터ICARDA가 보낸 종자가 스발바르 종자저장고에 들어가는 모습.

해 몬산토에게 넘기려는 정교한 수작이라는 것이다(이 역시 백 퍼센트 날조다). 여기저기서 논쟁이 타올랐고, 심지어 나에게도 물리적 위해를 가하겠다는 익명의 협박이 들어왔다. 대학 두 곳이 내가 종자 보전을 주제로 공개 강의를 할 때 보안업체 직원을 부르기도 했다.

앞으로 빨리감기를 해서, 현재(2016년) 스발바르 종자저장고는 설립 8주년을 맞고 있다. 그새 하늘이 무너지지는 않았다. 그간 수많은 비난이 제기되고 공포가 조장되었지만, 저장고에 보관되어 있는 종자 표본은 단 한 개도 연루된 바 없었다. 더 설명이 필요한가?

관리 체계와 재정

스발바르 국제종자저장고는 노르웨이 정부(특히 농업식품부)와 북유럽 유전자원센터(노르젠) 그리고 세계작물다양성재단의 공식 협력이 일궈낸 성과다.

노르웨이 정부가 종자저장고 건립 자금 전체를 부담했다. 최종 비용은 노르웨이화로 4835만 크로네, 현재 환율로 미화 600만 달러인데 당시 환율로는 900만 달러에 가까웠다. 민간 기금은 유입되지도 필요하지도 않았다. 노르웨이 정부가 스타츠뷔그와 장기 계약을 체결해 연간 약 10만 달러를 들여 지속적인 시설 관리 서비스를 제공하기로 했다.

세계작물다양성재단은 작물다양성의 영구 보전을 (스발바르뿐만 아니라 세계 각국의 유전자은행을 통해서) 보장하기 위한 기금 재단으로 설립됐는데, 재단의 연간 예산 일부를 스발바르 종자저장고 운영비로 제공하고 있다. 노르웨이 농업식품부가 이를 보조해, 초반 몇 년간 위탁 종자를 수령하거나 언론의 관심에 대응하기 위해 수차례 스발바르를 오가느라 추가로 발생한 비용을 부담했다. 통상적인 총 운영비는 연간 25만 달러 정도면 충분할 것으로 보인다. 이해를 돕기 위해 비교하자면, 2007년 샌프란시스코 현대미술관이 다른 미술관에서 대여한 브라이슨 마든 작품으로 단 3개월간 특별전을 열었을 때 보험료만 100만 달러가 넘게 들었다. 여기에 비하면 종자저장고는 실로 저렴한 보험인 셈이다.

노르젠, 곧 북유럽 유전자원센터는 실질적인 관리 서비스를 제공한다. 노르젠은 세계작물다양성재단과 함께 종자의 배송을 주선하고 양측 일정을 조정한다. 또 종자를 저장고에 예치하고, 예치된 종자를 관리하고, 관련된 데이터베이스를 관리하는 일도 책임진다.

시설 운영은 독립된 기관인 스발바르 국제종자저장고를 위한 국제자문위원회가 총괄하고 있다. 자문위원회는 저장고를 주기적으로 방문하면서 노르웨이 농업식품부에 전문적인 정책 자문을 제공한다. 위탁자가 스발바르에 종자를 보내기 전에 서명해야 하는 위탁 동의 규정과 (스발바르 종자저장고의 권한을 넘어서는) 종자의 위탁 요청과 관련된 규정, 언론 및 기타 외부인의 종자저장고 방문과 관련한 정책 규정도 이들이 만들었다. 위탁자와 과학자, 시민단체, FAO를 비롯해 다양한 멤버로 구성된 자문위원회는 스발바르 종자저장고의 운영을 독립적으로 감시하면서 운영의 투명성과 신뢰도를 높여준다.

종자저장고는 대중에 공개되어 있지 않으며 스발바르 주민 중에서도 이 시설에 접근할 권한을 가진 사람은 없다. 반면, 모든 위탁 기관은 계약에 따라 시설을 검사할 권리가 있다. 드물게 언론과 특별 방문객(예를 들면 지미 카터 대통령 부부, 반기문 유엔 사무총장, 조제 마누엘 바호주 유럽연합 집행위원회 의장, FAO 사무국장 자크 디우프와 조제 그라지아누 다시우바, 노벨 평화상 수상자 왕가리 마타이, 유엔재단 이사장 테드 터너, 노르웨이 왕가 등)에게 접근이 허용되기도 한다. 노르웨이 정부와 노르젠, 세계작물다양성재단 그리고 국제자문위원회는 이들의 방문이 작물다양성 보전의 중요성을 대중에게 환기하는 데 도움이 되며 종자의 안전을 해치지 않으면서 스발바르 국제종자저장고가 더 큰 사명을 펼치는 데 유익하다는 것을 인지하고 있다.

첫 종자 반출

지금은 아랍의 봄이라고 알려진 혁명의 초기에 튀니지를 비롯한 여러 지역에서 무력 충돌이 발생했을 때, 당시 시리아의 알레포에 본부를 둔 국제건조지역농업연구센터ICARDA 소장인 오랜 친구 마흐무드 솔과 전화통화를 했었다. ICARDA는 건조 기후 지역의 식물 육종을 전문적으로 연구하는 기관으로, 세계적으로 중요한 밀과 보리, 병아리콩, 렌틸, 잠두, 살갈퀴(야생완두), 풀완두, 사료용 레귬의 세계 최대 규모 컬렉션을 보유하고 있다. ICARDA는 이러한 다양성을 보전할 뿐 아니라 식물 육종가와 연구자 들에게 연간 2만 5000점의 표본을 제공하고 있다.

마흐무드와 나는 아랍권 다른 나라들의 상황이 심상치 않다는 데 동의했지만, 시리아와 ICARDA 컬렉션은 그 소용돌이를 비켜 갈 거라고 장담했다(우리의 장담이 얼마나 터무니없이 빗나갔는

지). 그래도 나는 마흐무드에게 ICARDA 소장 컬렉션의 중복표본을, 만일을 대비해, 가능한 한 빨리 스발바르에 예치하는 게 좋겠다고 제안했다. "만일을 대비해"가 스발바르 종자저장고의 존재 이유 아닌가.

ICARDA는 다행히 거의 모든 표본의 중복표본을 스발바르에 보냈다. 11만 6000종, 종자 수로는 5800만 개가 넘는다. 몇 달 후 시리아에서 전쟁이 터졌다. 연구센터가 정부 산하에서 반군의 손으로 넘어갔다. 진영을 막론하고 승리에 취한 병사들이, 내가 동료들과 학술회의가 끝난 후 단체 사진을 찍곤 했던 본부 건물 앞에서 하늘에 대고 축포를 쏘는 영상이 유튜브에 올라왔다.

나중에 돌아보니, 불가항력이었던 듯하다. 시리아에서 집요하고 지난한 전쟁이 계속되면서 알레포에 거점을 둔 ICARDA는 스발바르에 보관해둔 백업용 종자 표본을 인출할 수밖에 없었다. ICARDA의 해외 파견 직원들은 진즉에 시리아에서 철수한 터였다. 현지 직원들이 ICARDA의 종자 컬렉션을 지키려고 영웅적으로 분투했지만, 일상이 회복돼 그곳의 유전자은행이 다시 전 세계 식물 육종가와 연구자에게 종자를 공급하는 역할을 하리라는 희망은 점차 사라졌다.

최근 몇 년 동안 ICARDA가 공개한 신품종들은 수단과 에티오피아, 이집트를 비롯한 수많은 지역에서 이들 작물의 증산을 의미 있는 수준으로 촉진했다. ICARDA가 식량과 인류의 안보에 기여한 바는 헤아릴 수 없을 정도인데, 이는 종자 컬렉션을 바탕으로 이루어졌다. ICARDA 유전자은행 책임자인 아흐메드 아므리 박사의 표현을 옮기자면, "작물다양성은 인간이 만들어낸 우리 시대의 위협을 상쇄하는 인간의 독창성이라는 유산을 상징"한다. 그러나 전쟁으로 폐허가 된 시리아에서는 작물다양성에 접근하기가 불가능했다.

시리아의 ICARDA 옛 본부 앞에 서 있는 무장한 남자들. ICARDA는 2015년 스발바르에 위탁해둔 자기네 종자 표본 일부를 회수해 가서 모로코와 레바논에 있는 유전자은행 지부의 종자 보유분을 다시 채웠다.

2015년 9월 초에 ICARDA는 스발바르에 위탁했던 종자 중복표본을 반환해달라고 요청했다. 직원 한 명이 파견되어 노르젠 직원과 함께 ICARDA 컬렉션의 수송을 준비했다. 9월 23일 종자 128상자, 밀과 보리, 렌틸콩, 병아리콩, 잠두, 풀완두 3만 8073종 표본과 야생작물 및 사료용 작물 다수 종의 표본이 종자저장고 밖으로 운반되어 모로코행과 레바논행 비행기에 실렸다. ICARDA가 이 작물들의 다양성을 요구하는 연구에 도움을 줄 수 있도록, 앞으로 재건할 유전자은행의 거점으로 삼은 곳들이다. ICARDA는 먼저 스발바르에서 받은 종자를 철저히 관리할 수 있는 밭에 파종하고 재배한 다음, 새로 나온 신선한 종자를 수확할 것이다. 이로써 종자 공급량을 확

대해 식물 육종가들의 요구에 응할 수 있을 뿐만 아니라, 스발바르 종자저장고에서 인출한 표본을 대체할 새 종자도 제공해줄 것이다. ICARDA의 역량이 제한돼 있어서, 이 과정은 몇 년에 걸쳐 단계적으로 이루어질 것이다. 각 고유 표본은 새 ICARDA 시설에 저장될 것이며 스발바르 종자저장고에도 안전 중복표본이 다시 예치될 것이다.

최초의 종자 반출은 분명 획기적인 사건이다. 스발바르 국제종자저장고의 중요성과 필요성, 그리고 종자저장고 건립의 '투자 수익률'(어마어마하고 영속적인)을 여실히 증명하는 사건이다. 동시에 쓸쓸한 순간이기도 하다. 보험용 위탁분을 실제로 사용하게 되는 상황은 아무도 바라지 않는다. 이번이 스발바르 종자저장고를 애초의 건립 목적에 따라 이용하는 마지막 사례이기를 모두가 바란다. 하지만 그렇지 않으리라는 걸 나는 알고 있다.

2015년, 원래 위탁자인 ICARDA로 돌아가기 위해 종자저장고를 떠나는 종자들.

원래 시리아에 있다
가 모로코와 레바논
으로 이전한 ICARDA
유전자은행의 종자
표본을 보충하기 위
해 스발바르에서 송
환한 종자 표본이 도
착했다.

좋았던 시절, 시리아
알레포에 위치했던
ICARDA 유전자은행.

5장 우리 모두의 일

스발바르 국제종자저장고가 자원 보전과 식량 안보에 중요한 시설임은 입증됐지만 그렇다고 스발바르의 땅.
농업 생물다양성이 마주한 수많은 위협에 대한 완벽한 해결책이라고 할 수는 없다. 어떤 작물은
종자를 얼리는 식으로는 다양성을 효율적으로, 혹은 전혀, 보전할 수 없다. 바나나와 베리류, 감귤
류, 그리고 특정 과일과 뿌리 작물(근채류), 덩이줄기 작물은 스발바르에서 볼 수 없을 것이다. 세계
작물다양성재단은 각국의 유전자은행과 협력해 이러한 작물들을 현지 채집, 조직 배양, 냉동 보존
등 여러 방법으로 보전하려고 애쓰고 있다.

다양한 연구보고서에서 과학자들은 주요 작물, 특히 곡류의 현존하는 다양성 가운데 거의 대
부분이 수집됐다고 이야기하는데 그중 대부분이 현재 스발바르에 보관되어 있다. 동시에 우리는
경제성이 떨어지는 작물들의 다양성은 상당량 아직 농업 현장에, 주로 개발도상국의 농부와 원예
사 들의 손에 맡겨져 있음을 알고 있다. 이는 매우 가치 있는 보존 방식이지만 동시에 기후변화와
해충에 취약하고, 기존 품종을 신품종으로 갈아치우겠다는 결정에, 농장이나 농가에 일어날 수 있
는 온갖 사건 사고에도 형편없이 취약하다. 스발바르 종자저장고는 농부들이 더 이상 재배하지 않
는 에얼룸 품종과 원시 품종의 종자로 가득하다. 유전자은행이 아니었으면 진즉에 멸종했을 다양
성이다.

농가에서 어떤 품종이 얼마나 잘 보전되고 있는지 파악하기는 매우 어렵다. 한 가지 분명한
것은 이런 비공식적 접근은 몇 세대에 걸친 농가의 연속성, 그러니까 특정한 품종을 올해에도 내
년에도, 이번 세기에도 다음 세기에도 보전하겠다는 각 농가의 굳은 의지에 성패가 달려 있다는
점이다. 시민단체들도 때로 개별 농장이 기울이는 노력에 동참하지만, 그런 단체들도 나름의 어려
움에 처해 있다. 게다가 그런 다양성에 대한 지식과 접근성은, 농부들에게서 직접 취하건 아니면

단체를 통해 취하건, 보통은 상당히 제한돼 있다.

이렇게 농업공동체가 기울인 노력과 기여를 칭송하고 또 지난날 그들이 일궈낸 다양성이 스발바르 종자저장고에 보관된 종자 대부분의 원천임을 인정하는 한편, 우리는 개별 농가에서 다양성을 보전하는 노력에는 한계가 있음을 알아야 한다. 그러한 다양성을 수집하고 또 종자 표본을 전통적인 유전자은행과 스발바르에 저장함으로써 보전 조치를 확실히 해야 한다. 이는 지속적으로 관심을 기울여야 할 중요한 일이다. 특히 '비주류' 작물의 경우 더 그러한데, 이런 작물은 포괄적인 컬렉션조차 몇 개 없다.

한 가지 보전 방법의 지지자들이 다른 방법들을 헐뜯으면 결국 지는 쪽은 종자이며 관련 논의는 정치 놀음으로 흘러가게 된다. 다양성은 다양한 방법으로 보전된다. 각기 다른 방법들은 서로 경쟁하거나 배제하지 않고 보완하기 때문이다.

신기술─현재 상상 속에만 존재하는 기술도 포함해─의 개발로 종자저장고와 여기에 보관된 생물다양성이 무용지물이 될 거라는 소리도 왕왕 들린다. 우리가 주기적으로 유전자를 창조하고 편집하게 될 거라는 주장도 나온다. 결국 우리가 원하는 대로 유전자 조합을 설계할 터이니 작물다양성이라는 유산을 더는 보전할 필요가 없게 될 거란다. 나는 동의하지 않는다. 찰스 다윈도 말했듯, "자연선택은 매일 매시간, 온 세상을 구석구석 살피면서, 아주 미미한 대상도 놓치지 않고 모든 변이를 면밀히 감시"한다. 스발바르 종자저장고의 가장 중요한 속성은 이 면밀한 감시의 결과를 보유하고 있다는 것이다. 우리의 농작물에, 그리고 수천 년에 걸쳐 조상 작물에 똑같이 재현해낼 수 없는 진화 실험이 실행되었고, 우리 작물이 행한 그 거래의 결과물이 바로 오늘날의 작물에 담긴 특정 유전자 조합인 것이다.

몇몇 국가의 유전자은행은 아직 스발바르 종자저장고를 이용하지 않고 있다. 또 어떤 국가들은 이용 여부를 고려하는 단계에 있다(위탁 비용을 지불하지 않으면서 모든 위탁 표본에 대한 소유권은 위탁 주체가 가질 뿐만 아니라 스발바르에 백업용 표본을 예치하는 데 잃을 것은 없고 얻을 것은 많은데도 말이다). 위탁 관리는 매우 흔한 정부의 관행이다. 국가가 소장한 미술품 컬렉션에 안전 보장책을 제공하는 게 바람직한 관리법이자 관행이라면, 자국 농업의 현존하는 보물을 보호하는 문제라고 다르겠는가? 다를 리 없다. 그렇기에 이 국가들도 언젠가는 스발바르의 종자 보전에 참여하게 될 것이다.

이 국가들이 중요한 컬렉션의 안전 중복표본을 스발바르 종자저장고에 보관하는 것이 정말 중요할 정도로 고유한 다양성을 보유하고 있는가? 그렇다. 중국과 에티오피아, 인도, 이란, 일본,

멕시코는 분명 이 부류에 해당하는, 상당히 가치 있는 컬렉션을 소장한 국가들이지만 아직 충분히 (혹은 어떤 경우 전혀) 스발바르의 종자 보전 노력에 동참하지 않고 있다. 표본 제공은 다른 기관들이 했지만 이 국가들이 원산지인 종자가 스발바르 종자저장고에 꽤 많이 보관되어 있는데도 말이다. 식량과 농업을 위한 식물유전자원 국제조약이 모든 참여국에게 자국의 식물 다양성을 보전하는 조치를 취할 것을 요구하고 있으며 유엔 식량농업기구가 스발바르 종자저장고의 종자 보전 프로젝트를 공식 환영한 만큼, 앞서 언급한 국가들이 지구촌의 종자 보전 노력에 가담한다면 국제사회가 두 팔 벌려 환영할 거라고 장담한다. 더불어 미래 세대가 누릴 작물다양성도 더 든든하게 보장될 것이다.

스발바르 종자저장고는 노르웨이에 존재하는 가장 까다로운 건축 기준에 맞춰 지어졌다. 이 규정은 건물 수명의 최저선을 200년에 맞추라고 명시하고 있다. 그런데 종자저장고의 기본 토대인 산의 수명이 그보다 훨씬 못 미칠 거라고 단정할 이유는 없다. 스발바르 종자저장고가, 인간과 농업이 필요로 하는 한 제 기능을 지속하지 못할 거라고 단정할 이유가 없다. 이곳은 아마도 수천 년 후에도 살아남을 것이다. 사용 연한에 끝이 없다고 상정하고 설계하고 건축한 시설이다. 그런 점에서 스발바르 종자저장고는 독특한 건축물이다. 역사에서 인간이 '영원히' 지속될 무언가를 건설한 예는 많지 않다.

오늘날 종자저장고는 인류 문명이 전적으로 의존하는 자연자원의 멸종을 전력을 다해 막고 있다. 작물다양성 없이는 기후변화나 병충해에 적응할 수 없다. 작물다양성 없이는 식량 안보를 확립할 지속 가능한 방법도 없다. 작물다양성이 없으면 사실상 농업도 존재하지 않는다.

이 다양성을 보전하는 것은 모든 정부의 최우선 과제여야 마땅하지만, 현실은 그렇지 않다. 스발바르 종자저장고는 자연재해와 전쟁, 사고에 대비한 시설이다. 또한 여러 나라가 부끄러움도 모르고 자국 유전자은행의 운영을 방치함으로써 자초한 손실에 대해 보험을 제공하는 기능도 한다. 이 부분에서는 모든 나라가 유죄다. 과장이 아니다.

우리에게는 스발바르 국제종자저장고가 있다. 노르웨이 정부와 노르젠 및 세계작물다양성재단 같은 기관들이 전 세계와 후대에게 안겨준 얼마나 놀라운 선물인가! 종자를 위탁한 유전자은행들이 보여준 얼마나 놀라운 선견지명이고 연대인가! 그러나 우리는 이런 만족감에 취해 현실에 안주해서는 안 된다. 위탁자들이 세계작물다양성재단에도 각자가 보유한 종자 자산을 예치해 안전을 보장함으로써 거꾸로 종자저장고 측에 보험을 제공할 차례다. 이 정도 노력도 할 수 없다면, 스발바르 종자저장고라 해도 인류가 감당할 수 없는 위험을 떠안게 될 것이다.

국제적인 유전자은행 시스템을 갖추어 성공적으로 작물다양성을 보전하고, 중요하고 유용한 형질을 가려내기 위해 작물을 연구하고, 농업 발전과 식량 안보를 위해 종자와 육종 재료를 식물 육종가와 농부에게 제공하는 것이 현실적으로, 또 재정적으로 타당한가? 물론이다. 올림픽 대회를 한 번 주최하는 비용은, 기부금으로 충당하지 않고 주최국 예산으로 치를 경우, 세상 모든 작물다양성을 영구적으로 보전하는 데 필요한 연간 예산의 50배까지 든다. 자, 이 질문에 답해보라. 둘 중 어느 쪽이 더 나은 투자인가?

농경 시대가 밝아온 이래 농부들은, 그리고 비교적 최근에는 식물 육종가들과 유전자은행 직원들도 합세해, 작물다양성을 보호하고 양성해왔다. 이들이야말로 이 이야기의 주인공이다. 스발바르 국제종자저장고는 회의주의를 토대로 지어지지 않았다. '종말의 날'에 집착하는 사람들의 손에 건설되지도 않았다. 낙관주의자들과 실용주의자들, 인류와 작물이 다가올 변화에 더 잘 대비할 수 있도록 다양한 선택지를 보존하려고 뭐든 해보려는 사람들이 아이디어를 내고 시설을 지어 올렸다.

다른 수많은 관계자들과 똑같이, 나도 이러한 노고에 한 발이라도 걸칠 수 있었던 것을 크나큰 행운으로 생각한다. 이런 노력이 대단하다고 생각하건 아니면 허점투성이라고 생각하건, 이제 여러분도 이를 발전시키거나 바로잡기 위해 뭐라도 하기를 촉구한다. 살아 숨 쉬는 이 유산이 나 아닌 다른 누군가의 책임이라고 단정 짓지 말기를 바란다. 바로 당신의 책임이니까. 아니, 우리 모두의 책임이다.

부록 1 참고자료

국제생물다양성연구소
www.bioversityinternational.org

출간 자료

Evans, Lloyd T. *Feeding the Ten Billion: Plants and Population Growth*. Cambridge University Press, 1998. [한국어판] 로이드 에번스, 《백억 인구 먹여 살리기—인구 성장과 식량 증산》, 성락춘 옮김, 고려대학교출판부, 2008.

FAO. The State of the World's Plant Genetic Resources for Food and Agriculture, 1988.

Fowler, Cary and Pat Mooney. *Shattering: Food, Politics and the Loss of Genetic Diversity*. University of Arizona Press, 1990

Fowler, Cary and Toby Hodgkin. "Genetic Resources for Food and Agriculture: Assessing Global Availability." *Annual Review of Environment and Resources*, 2004.

Fowler, Cary, William George, Henry Shands, Bent Skovmand. "Study to Assess the Feasibility of Establishing a Svalbard Arctic Seed Depository for the International Community." 노르웨이 외무부 제출용 보고서. Center for International Environment and Development Studies. Agricultural University of Norway, 2004.

Harlan, Jack R. *Crops and Man*. American Society of Agronomy and Crop Science Society of America, 1975.

Hermansen, Pål. Svalbard Spitsbergen Guide. Myrland Media/Gaidaros forlag, 2007.

Møkleby, Torgeir and Steward Simonsen. *Tragedy in Kobbebukten: The Diaries of Møkleby and Simonsen on Danskøya*. http://polarlitteratur.no/hefter.htm

Qvenild, Marte. *Sowing Seeds in Permafrost: An Idea Whose Time Has Come. Master of Science Thesis*. Department of International Environment and Development Studies, Norwegian University of Life Sciences, 2005.

Seabrook, John. "Sowing for Apocalypse." *New Yorker*, August 27, 2007, 60. http://www.newyorker.com/reporting/2007/08/27/070827fa_fact_seabrook.

Statsbygg. Svalbard Global Seed Vault. http://www.statsbygg.no/files/publikasjoner/ferdigmeldinger/671_SvalbardFrohvelv.pdf.

스발바르 국제종자저장고의 종자에 관한 정보 자료 포털

www.nordgen.org/sgsv/
위탁된 종자 등과 관련한 실질적 정보를 검색할 수 있는 사이트다. 스발바르 종자저장고에 저장되어 있는 종자를 작물별, 위탁기관별, 표본 최초 수집 국가별로도 검색할 수 있다.

스발바르 국제종자저장고의 세 파트너

노르웨이 농업식품부
www.seedvault.no
노르웨이 정부 웹사이트의 스발바르 종자저장고 페이지.

북유럽 유전자원센터(노르겐Nordgen)
http://www.nordgen.org/index.php/en/content/view/full/2
스발바르 국제종자저장고 연계 활동 관련 정보 그리고 북유럽유전자원센터의 더 광범위한 식물다양성 보전 활동에 관한 정보를 찾을 수 있는 곳.

세계작물다양성재단
www.croptrust.org
이 사이트에 가면 스발바르 종자저장고에 대한 소식과 정보뿐 아니라 작물다양성의 영구적인 보전과 활용을 보장하기 위한 더 광범위한 노력에 대한 자료도 읽을 수 있다.

추가로 볼 온라인 참고 자료

식량과 농업을 위한 식물유전자원 국제조약
www.planttreaty.org

유엔 식량농업기구FAO의 식량과 농업을 위한 유전자원 위원단
http://www.fao.org/ag/cgrfa/default.htm

국제농업연구협의그룹CGIAR
www.cgiar.org

영상 자료

〈시간의 씨앗Seeds of Time〉
스발바르 국제종자저장고와 그들의 작물다양성 보전 노력을 다룬 장편 다큐멘터리.
http://www.seedsoftimemovie.com.

〈종말의 날 저장고 여행A Journey to the Doomsday Vault〉
CBS 프로그램 "60분60Minutes" 방송 내용.
http://www.cbsnew.com/news/a-visit-to-the-doomsday-vault/.

〈한 번에 씨앗 한 알: 식량의 미래 보호하기One Seed at a Time: Protecting the Future of Food〉
캐리 파울러 테드Ted 강연.
http://www.ted.com/tals/cary_fowler_one_seed_at_a_time_protecting_the_future_of_food.

부록 2
스발바르 국제종자저장고 설립 및 운영에 관여한
기관과 개인

협력 파트너

노르웨이 농업식품부(정부 대표)
북유럽 유전자원센터
세계작물다양성재단

계획과 건설 단계

타당성 조사위원회
Cary Fowler(의장)
William George
Henry Shands
Bend Skovmand
Geoff Hawtin(옵서버)
Marte Qvenild(자료 조사 외)

건설 시행
Statsbygg

시설 관리
Statsbygg

조정위원회
Geir Dalholt(위원장)
Grethe Evjen
Jostein Leiro
Anne Kristin Hermansen
Jan Petter Borring
Idunn Eidheim
Oskar Petter Jensrud
노르웨이 행정개혁부
Kirsten Vesterhus
Ingegjerd Nordeng
Hilde Nordskogen

스타츠뷔그 건축 프로젝트팀
Magnus Bredeli Tveiten(총괄)

Rolf Jullum(건물)
Pål Inge Waage(기계설비)
Jan Erik Jensen(전기설비)
Tore Gloppe(금융)

기획팀
Barlindhaug Consult AS, Tromsø(기획 총괄)
Dag Brox(프로젝트팀 리더: 롱위에아르뷔엔)
Bjørnar Løvhaug(프로젝트팀 코디네이터: 트롬쇠)
Peter W. Søderman MNAL, Barlindhaug Consult AS(건축 설계)
Sverre Barlindhaug(지질공학 자문)

조경 설계(Multiconsult AS)
Ivar F. Nilsen
Thormod Sikkeland

Barlindhaug Consult AS
Erik Wikran(콘크리트)
Ulf Hjorth-Moritzsen(전기)
Kurt Olaussen(난방, 환기, 냉방)

설계, 시공
Barlindhaug Consult AS, Longyearbyen office

도급업체
Leonhard Nilsen og Sønner AS, Risøyhhamn

하도급업체
Jensen Elektriske(전기)
ORAS, Trohdheim(환기장치)
Spitsbergen VVS(냉각장치)

건축팀(스발바르 현장과 트롬쇠 사무소)
Dag Brox(스발바르 건설 현장 총괄 책임자)
Jarle Berg-Oksfjellelv(현장소장)
Kjell Abrahamsen, Tommy Albrigtsen, Henri Amundsen, Ronald Amundsen, Tommy Amundsen, Geir Anderson, Richard Barslett, Bjørn Bernstsen, Ola Berntsen, Bjørn Arne Bjørkmo, Roger Bladin, Vegard Blom, Richard Brekke, Bjørn Brekmo, Arve Bertil Brækkan, Jon Magne Bugge, Knut Bårdseth, Ola Magnus Båtstatd, Jack Edvardsen, Harald Eilertsen, Arne Elgåen, Geir Olav Ellingsen, Johan Eriksson, John Petter Eriksson, Knut Fastvold, Jon Kåre Fiskum, Bugge Joachim Førde, Hans Martin Galleberg, Christian Gangstø, Håkon Gausdal, Odd Morten Grønningen, Roger Grøtan, Eirik Jessen Gschib, Gunther Rikard Gschib, Michel Gyøry, Gudmund Jarle Hansen, Magnus Hansen, Stig Ernst Hansen, Pål Lovin Hansen, Einar Ståle Haugen, Sigbjørn Haugen, Svein Robert Helgesen, Dag Waldemar Hekne, Øystein Andre Hofstad, Tom Richard Holm, John Lennart Horn, Stein Isaksen, Trond Isaksen, Kjell Jacobsen, Einar Asbjørn Johannessen, Knut Johannessen, Andreas Johansen, Bjørn-Ruben Johansen, Ole Jørgen Johansen, Risto Johansen, Vidar Johansen, Kurt-Eirik Johnsen, Leif Kuno

Jolanki, Stig Arne Johnsson, Kjell-Arild Jørgensen, John-Ewald Karlsen, Kim Kristiansen, Johan Krokå, Johnny Krokå, Leif Erick Kvinnegård, Vidar Langnes, Geir Larsen, Jørn Tore Larsen, Rolf Larsen, Tommy Larsen, Timo Olavi Leinonen, Jonas Lissner, Thomas Lissner, Atle Morten Lynge, Oddbjørn Løseth, Gudmund Løvli, Paul-Ivar Mathisen, Thomas Moaksen, Rudolf Moen, Espen Mortensen, Tom Andre Mortensen, Eirin Helen Myrvang, Jochen Mønning, Geir Arne Nicolaisen, Bengt Olav Nikolaisen, Arnt Nilsen, PerErling Nordby, Mats Are Nyland, Cato Andre Olsen, Jimmy Olsen, Rune Olsen, Svein Kåre Paulsen, Geir Arne Pedersen, John Anders Pedersen, Ola Pepke, Harald Pettersen, Norvald Pettersen, Odd Erik Pettersen, Kjell Rask, Øyvind Reppe, Jon Richardsen, Rolf Rustad, Frank Arne Velsvik Ruud, Kåre Magne Ruud, Bjørn Rønneberg, Arne Rørvik, Yngve Johan Salomonsen, Jim Sandberg, Martin Sandnes, Gunnar Sandvei, Raymond Skarstein, Herbjørn Simonsen, Inge Skogli, Jarl Skogli, Siril Sneve, Trond Solbakk, Rune Solberg, Vegard Solberg, Arne Steinstø, Stefan Sunde, Terje Joar Sve, Torbjørn Sverkmo, Tore Sæverås, Marius Sørensen, Tone Terjesen, Reidar Thoresen, Terje Thoresen, Tord Tofte, Ruben Torkildsen, Arne Tørvik, Iver Traaseth, Olav Tuftene, Benny Tuven, Vidar Anders Vadnem, Knut Vassdal, Linda Marie Vassdal, Karstein Vie, Ledvin Wang, Lars-Erik Wyren, Arnt Øvergård, Odd Terje Øyeflaten, Geir Hugo Øynes, Grete Marie Aabrekk, Tom Aamodt

예술작품 설치 프로젝트
Public Art Norway(KORO): Elizabeth Tetens Jahn(최고 책임자)

예술위원회
Jenny-Marie Johnsen(의장)
Geir Dalholt
Peter W. Søderman
Magnus Bredeli Tveitan

작품
Dyveke Sanne, 〈영속적 파급〉

시설 운영 단계

북유럽 유전자원센터(노르젠NordGen)
Jessica Kathle(본부장)
Erling Fimland(본부장)
Arni Bragason(본부장)
Ola Westengen(스발바르 종자저장고 운영 및 관리 책임자)
Åsmund Asdal(스발바르 종자저장고 운영 및 관리 책임자, 2015년 8월~)
Simon Jeppson(노르젠 종자 저장실 관리 책임자)
Eva Jorup Engstrom(재정)
Dag Terje Endresen(정보기술)
Johan Bäckamn and Jonas Nordling(정보기술 및 물류)
Roland von Bohmer(미디어·외부 방문객 응대)

세계작물다양성재단
Cary Fowler(대표, 2005~12)
Marie Haga(대표, 2013~)
Julian Laird(기금 모금, 홍보)
Mellissa Wood
Luigi Guarino
Godfrey Mwila
Charlotte Lusty
Gerald Moore(법률팀)
Jane Toll(프로젝트 총괄 관리자, 종자 갱신 담당)
Amanda Dobson(종자 운송 관리)
Anne Clyne(금융)
Jenin Assaf
Melly Preira
Brian Lainoff
Fernando Gerbasi(임시전문가위원회 의장)
Margaret Catley-Carlson(이사회 의장)

노르웨이 농업식품부
Geir Dalholt
Pål Vidar Sollie
Grethe Evjen
Marianne Smith
Heidi Eriksen Riise
Elisabeth Koren

노르웨이 외무부
Jostein Leiro
Anne Kristen Hermansen

노르웨이 환경부
Jan Borring
Birthe Ivars

스타츠뷔그(롱위에아르뷔엔)
Tor Sverre Karlsen
Bente Naeverdal
Tom Oredalen
Tommy Sjoo Frantzen
Steinar Strøm
Morten Andreassen
Audun Fossheim
Magne Skogstad

종자 운송 관리
세계작물다양성재단
북유럽 유전자원센터
JetPak
Pole Position
유엔 재단, 빌 앤드 멜린다 게이츠 재단(기금 마련)

홍보
Burness Communications
Jeff Haskins
Ellen Wilson
Megan Dold
Coimbra Sirica
Andy Burness

스발바르 국제종자저장고 국제자문위원회
Cary Fowler(의장)
Jean Hanson
Modesto Fernandez Diaz-Silveira
Emile Frison
Lawrent Pungulani
Wilhelmina Pelegrina
Ruth Haug
Arne Malme
Shivaji Pandey
Javad Mozafari
Zachary Muthamia
Bert Visser
Linda Collette
Ruraidh Sackville Hamilton
Guri Tveito
Nori Ignacio

스발바르조약 회원국
그리스, 남아프리카공화국, 네덜란드, 노르웨이, 뉴질랜드, 대한민국, 덴마크, 도미니크공화국, 러시아, 루마니아, 리투아니아, 모나코, 미국, 베네수엘라, 벨기에, 북한, 불가리아, 사우디아라비아, 스웨덴, 스위스, 스페인, 아르헨티나, 아이슬란드, 아프가니스탄, 알바니아, 에스토니아, 영국, 오스트레일리아, 오스트리아, 우크라이나, 이집트, 이탈리아, 인도, 일본, 중국, 체코, 칠레, 캐나다, 포르투갈, 폴란드, 프랑스, 핀란드, 헝가리

* 이 책과 종자 보전 문제, 향후 계획에 대한 더 자세한 정보는 www.seedsonice.com 참조.

감사의 말

스발바르 국제종자저장고는 지난 세월 수백만 농가의 기여가 없었더라면, 그리고 작물다양성을 수집하고, 보전하고, 스발바르에 안전하게 표본을 유치한 수많은 과학자와 유전자은행 관리자들의 노고가 없었다면 존재하지 못했을 것입니다. 우리가 가장 먼저, 또 가장 깊이 감사해야 할 대상은 바로 이러한 역사와 이분들입니다.

《세계의 끝 씨앗 창고》에는 제가 스발바르섬 그리고 스발바르 종자저장고와 맺은 사적인 인연의 단편들이 불가피하게 등장합니다. 스발바르 종자저장고 관계자들을 비롯해 놀라운 사람들을 만나고 함께 작업한 것은 저의 인생에서 가장 대단하고 뿌듯한 경험이었습니다. 헤아릴 수 없이 많은 관계자 및 관계기관에게 빚을 졌습니다. 스발바르 종자저장고 설립을, 나아가 이 책의 출판을 가능하게 해준 분들을 부록에 일일이 밝혔으며, 그분들 외에도 수많은 분이 도움을 주셨습니다. 책을 집필하는 내내 참을성 있게 관련 정보를 제공해준 친구이자 동료, 올라 베스테니엔과 시몬 엡손에게 특별히 감사를 표합니다.

이 책의 원고를 노련하게 다듬어주고 집필 과정에서 사기를 북돋워준 M. 마크에게 말로 다 형용할 수 없는 크나큰 고마움을 전합니다. 세련되고 창의적인 디자인을 입혀준 스티븐 도일, 벤 투슬리, 로즈메리 터크에게 감사드리고, 이 책의 출판에 누구보다 힘써준 데이비드 윌크에게도 감사의 마음을 보냅니다.

내가 제일 좋아하는 원예사인 나의 아내 에이미 골드먼 파울러가 계속 밀어붙이고 나를 지지해주지 않았더라면 이 책은 출간되지 못했을 것입니다. 에이미의 편집 기술 덕분에 내 원고의 질은 수직 상승했습니다. 나를 믿어주고 격려해주고 이해해준 에이미와 아들 마틴, 토머스 그리고 가족 모두에게 고마움을 전합니다.

사진과 지도 출처

마리 테프레Mari Tefre   아래에 따로 표시한 것을 제외한 모든 사진

짐 리처드슨Jim Richardson   2~3쪽, 16쪽, 19쪽(위), 22~23쪽, 78쪽, 81쪽, 87쪽, 89쪽, 90쪽, 93쪽, 99쪽, 107쪽, 113쪽, 135쪽, 141쪽

캐리 파울러Cary Fowler   7쪽, 12쪽, 46~47쪽, 58~59쪽, 82쪽, 84쪽, 97쪽, 125쪽(중간 왼쪽), 137쪽(맨 위)

마이크 램스던Mike Ramsden(세계작물다양성재단)   156쪽, 157쪽(위)

에우둔 리카르센Audun Rikardsen   62~63쪽

페테르 쇠데르만Peter Søderman   126쪽

국제미작연구소   94쪽

레비 베스테르벨Levi Westerveld   138쪽 지도 디자인

짐 리처드슨에게 바치는 특별한 헌사

우리는 《내셔널 지오그래픽》 소속 사진작가 짐 리처드슨에게 정말이지 큰 빚을 졌습니다. 짐은 2011년 7월 호에 실린 "식량의 방주"라는 특집기사에 쓸 사진을 찍기 위해 취재차 스발바르제도와 종자저장고에 방문했습니다. 이후 작물다양성의 아름다움과 중요성을 세상에 널리 알리기 위해, 자신이 찍은 사진 수백 장을 세계작물다양성재단에 기부했습니다. 사진 게재를 허락해준 그의 너그럽고 따뜻한 마음에 감사드립니다. 이 책에 실린 짐의 사진에서는 수천 년 동안 식물다양성을 키우고 제공해온 수많은 농업공동체들이 살아 숨 쉬고 있으며, 그만이 포착해낸 스발바르 종자저장고의 독특한 아름다움이 고스란히 담겨 있습니다. 짐과 그의 작품을 더 알고 싶은 독자들은 www.jimrichardsonphotography.com을 방문하시기 바랍니다.

코로나 바이러스가 점령한 2020년은 만나지 못하고 모이지 못하는데도 우리 모두 연결되어 있음을 느낀 해였다. 사람과 사람만이 아니라 사람과 자연환경도 긴밀히 연결돼 있음을, 이제는 모르는 사람이 없을 것이다. 큰 대가를 치르고 얻은 교훈이니까. 이 정도면 정신 차리겠지, 했는데 아니었다. 우리는 여전히 미친 듯이 소비하고 버리고, 야생동물의 영역을 침범한다. 지구에서 인간이 없어져야 그치려나 보다. 무섭고 무기력해지지만, 외면할 여유가 없다. 냉소도 분노도 사치다.

세상사에 관심을 두면 화가 나게 마련이다. 나도 늘 화가 나 있다. 절박해서 행동에 나선 어린 환경운동가들을 비웃는 어른들에게 화가 나고, 시민에게 쓰레기 재활용 부담을 지나치게 떠안기면서 정책은 못 따라가는 현실에도 화가 난다. '분노는 나의 힘'이라지만, 이렇게 화만 내봤자 아무 도움이 안 된다. 이 사람 저 사람 불편하게 만들고 다니는 비호감형 인간이 될 뿐이다. 자신이 할 수 있는 일을 '그냥' 하는 사람이 훨씬 현명하고 이롭다.

자료 조사를 하면서 나는 또 화를 냈다. 종자에 대해 조사하다 보면 종자 재산권 전쟁을 모를 수가 없게 된다. 농사는 만 년 전부터 지어왔고 종자는 농부의 것, 인류 모두의 것인데 어느 날 유전자 변형 기술을 가진 초국적 기업들이 이 종자도 내 것, 저 종자도 내 것이란다. 수많은 농부가 궁지에 몰려 삶을 포기하거나 생업을 떠났다. 화가 안 날 수가 없다. 그런데 내가 쓸데없이 화만 내고 있는 사이 묵묵히 이로운 일을 하는 이들이 있다. 인류 모두를 위한 국제종자저장고를 지은 사람들이다. 너무나 중요하지만 비가시적이라 일상에서 잊히고 마는 식물다양성을 보호하고 물려주기 위해 세운 시설이다. 이런 이타적인 일을 해놓고 자랑도 안 한다. 종자저장고 건설 과정과 기능 및 역할을 담담하게 전달할 뿐이다. 어조에서 흥분이 감지될 때는 스발바르의 풍광에 감탄할 때라든가 불가능해 보였던 일이 성사됐을 때, 함께 고생한 이들의 노고를 칭찬할 때뿐이다. 말에도 행동에도 절제가 돋보인다.

그와 대조되게, 옮긴이 후기를 쓰려니 온갖 생각이 떠올라 속이 시끄러웠다. 이제는 누구도 부인할 수 없는 기후위기, 그로 인해 닥칠 식량위기, 연쇄작용으로 발생할 난민, 급속도로 녹는 영구동토. 이미 어렵게 사는 이들이 먼저 환경위기의 직격타를 맞는 현실. 생각하다 보면 또다시 화만 내는 인간이 된다. 멈춤 버튼을 누르고, 행동해야 한다.

《우린 일회용이 아니니까》부터 《플랜 드로다운》 그리고 《세계의 끝 씨앗 창고》까지, '일이 되게 하는' 책을 읽을 때 유독 힘과 희망을 얻는다. 진부하게 들릴지라도, 희망과 노력은 이제 가장 현명한 길이자 유일한 길이 되었다. 너무 늦었다고 포기하고 자조하지 말자. 빌려 쓰는 자연, 이제라도 아끼고 회복시켜야 한다.

최근 유독 기후위기 관련 책이 쏟아져 나온 것 같다. 다들 위기의 징후, 아니 절박한 현실을 느끼는 것이리라. 지난해 여름에는 스발바르제도의 기온이 최고치를 기록했다는 뉴스를 접했다. 이제 더 물러설 곳이 없다. 저자는 인류의 보험과도 같은 스발바르 국제종자저장고의 종자들을 한꺼번에 반출해 사용할 일이 결코 없기를 바란다고 했다. 모두의 바람일 것이다.

몇 해 전 넌지시 관심 분야를 묻고 기억해두었다가 그와 겹치는 작품의 번역을 맡겨준 김미정 마농지 대표에게 감사의 마음을 전한다.

옮긴이 허형은

글 _ 캐리 파울러Cary Fowler

스발바르 국제종자저장고 설립 전 과정을 이끈 주인공이다. 저장고 건립을 제안하고 계획안을 작성해 실제 프로젝트로 발전시켰으며, 타당성 조사위원회 의장을 지냈다. 지금은 스발바르 종자저장고 운영을 총괄하는 국제자문위원회 의장을 맡고 있다.

1990년대에는 유엔이 최초로 실시한 세계 작물다양성 실태 조사를 총괄했다. 유엔 식량농업기구FAO가 주관한 '식량과 농업을 위한 식물유전자원 보전 및 지속가능한 이용을 위한 지구행동계획'의 초안을 마련하고 국가 간 협상을 조율했는데, 150개국이 이 안을 채택했다.

스웨덴 웁살라대학에서 박사학위를 받았으며, 노르웨이 생명과학대학 교수, 세계작물다양성재단 대표, 국제식량농업발전위원회 위원, 국제생물다양성연구소 소장 등을 지냈다. 현재 스탠퍼드대학 객원연구원, 로즈대학 이사회 부의장, 러시아 농업과학원 회원으로 활동하고 있다.

대안 노벨상으로 불리는 바른생활상Right Livelihood Award, 하인츠상, 바빌로프 훈장을 받았다.

사진 _ 마리 테프레Mari Tefre

노르웨이 볼다 유니버시티 칼리지에서 미디어와 저널리즘을 공부했다. 방송 연출로 경력을 시작했으며, 북극 지역 사진으로 명성을 얻었다. 2000년대 초반에 스발바르를 방문했다가 장엄한 야생 풍광과 북극광에 마음을 빼앗겨 이곳을 삶의 터전으로 삼았다. 2007년 세계작물다양성재단과 인연을 맺고 스발바르 국제종자저장고 설립 과정을 사진으로 기록했다. 덕분에 건축 단계에서부터 가동 단계까지 저장고 건물에 자유롭게 접근할 수 있었고, 내부 시설과 주변 풍경을 수천 장의 사진으로 남겼다. 배우, 방송 및 영화 프로듀서로도 활동하고 있다.

옮긴이 _ 허형은

대학에서 한국사를 전공한 후 좋아하는 일을 찾아 번역의 길에 들어섰다. 옮긴 책으로 《두렵고 황홀한 역사: 죽음의 심판, 천국과 지옥은 어떻게 만들어졌나》, 《미친 사랑의 서》, 《디어 가브리엘》, 《토베 얀손, 일과 사랑》, 《생추어리 농장》, 《빅스톤갭의 작은 책방》 등이 있다.

세계의 끝 씨앗 창고
스발바르 국제종자저장고 이야기

1판 1쇄 발행 2021년 2월 10일
1판 4쇄 발행 2022년 11월 20일

글 캐리 파울러
사진 마리 테프레
옮긴이 허형은
펴낸이 김미정
편집 김미정, 박기효
디자인 김명선

펴낸곳 마농지
등록 2019년 3월 5일 제2019-000024호
주소 (02724) 서울시 성북구 길음로 74, 510동 1301호
전화 070-8223-0109
팩스 0504-036-4309
이메일 shbird2@empas.com

ISBN 979-11-968301-7-5 03300